Oliver Klein, Jörg Schlenger

Raum–
konditionierung

Oliver Klein, Jörg Schlenger

Raum-
konditionierung

BIRKHÄUSER
BASEL

Inhalt

Vorwort

Schutz und Erzeugung von Wohlbefinden des Menschen sind wesentliche Funktionen von Gebäuden. Sie bewahren ihn vor den Schwankungen des Wetters und der Witterung. Zugleich muss im Innern ausreichend Frischluft und Wärme bzw. Kälte zur Verfügung gestellt werden, um die Behaglichkeit zu gewährleisten. Die Konditionierung von Innenräumen ist daher ein wichtiges Thema in der Architektur, das weit über die rein technische Umsetzung von Heizungs- und Lüftungsanlagen hinausgeht. Intelligente Entwürfe und ihre Umsetzung vernetzen Gebäudestruktur, Funktion und Technik zu einer ganzheitlichen Lösung, um auf diese Weise den Energiebedarf des Gebäudes zu reduzieren oder sogar komplett zu vermeiden.

Um diesen Leitgedanken im Entwurf von Beginn an berücksichtigen zu können, ist ein breites Wissen über die Anforderungen und Möglichkeiten der Bedarfsdeckung bei der Raumkonditionierung notwendig. Dies umfasst neben den technischen Systemen vor allem das Verständnis für Zusammenhänge und Abhängigkeiten. Es ist wichtig, die Konzeption der Raumkonditionierung als integralen Bestandteil einer Entwurfsaufgabe zu begreifen.

Der Band *Raumkonditionierung* erarbeitet für Studierende und Berufsanfänger mit Hilfe von leicht verständlichen Einführungen und Erklärungen schrittweise die Inhalte dieses Themenbereichs. Zunächst werden die grundsätzlichen Behaglichkeitsanforderungen dargestellt, die sich je nach Funktion, Nutzung und klimatischen Bedingungen stark voneinander unterscheiden können. Die Prinzipien bei der Bedarfsermittlung und Bedarfsdeckung machen deutlich, dass bereits in einem frühen Stadium der Projektplanung die Weichen für die spätere technische Umsetzung gestellt werden müssen, um negative Umweltauswirkungen zu vermeiden und den Energiebedarf möglichst klein zu halten.

Im Folgenden werden mechanische und natürliche Lüftungsvarianten dargestellt und in einen sinnvollen Kontext zur Systemfindung gestellt. Die Temperierung wird systematisch von der Energiebereitstellung und der eventuellen Energiespeicherung über die Verteilung im Gebäude bis hin zur Übergabe im Raum erklärt und schlussfolgernd in einen Zusammenhang mit der Lüftung gestellt.

Die Autoren schaffen ein breites und fundiertes Verständnis für Zusammenhänge und Möglichkeiten der Raumkonditionierung. Dabei steht nicht die rechnerische Dimensionierung technischer Anlagen im Vordergrund, sondern der intelligente und vernetzte Umgang, um mit diesem Wissen bei jeder individuellen Entwurfsaufgabe zu einem optimalen Konzept gelangen zu können.

Bert Bielefeld, Herausgeber

Einleitung

Die Körpertemperatur
des Menschen

Während manche Lebewesen in der Lage sind, ihre Körpertemperatur der Umgebung anzupassen, benötigt der Mensch zum Überleben eine annähernd konstante Körpertemperatur von $37 \pm 0{,}8\,°C$. Da die Außentemperatur den Klimazone, Tages- und Jahreszeit entsprechenden Schwankungen unterlegen ist, versucht der menschliche Körper diese Temperatur durch eine unbewusst ablaufende Thermoregulation aufrechtzuerhalten. Dies geschieht, indem er, abhängig von der Umgebungstemperatur und dem Aktivitätsgrad, über die Hautoberfläche mehr oder weniger Wärme abgibt. Steigt beispielsweise die Körpertemperatur, lassen Schweißdrüsen Feuchtigkeit auf der Haut austreten und geben so durch Verdunstung Wärme an die Umgebung ab. Sinkt die Körpertemperatur, zieht sich die Haut zur Verringerung ihrer Wärmeabgabefläche zusammen, und die Haare auf der Haut stellen sich auf („Gänsehaut"). Darüber hinaus erzeugt der Körper bei Bedarf zusätzliche Wärme durch Muskelzittern.

Klimaeinflüsse und
Kompensation

Allerdings sind dieser Thermoregulation auch Grenzen gesetzt, d. h., die menschliche Haut kann diese Aufgabe nur bedingt erfüllen. Kleidung als zusätzliche „Wärmedämmung", die sogenannte „zweite Haut", und Gebäude, die „dritte Haut", schaffen hier Abhilfe.

In der Entwicklung der Menschheitsgeschichte war die Nutzung des Feuers sicherlich der wichtigste Schritt des Menschen in die Unabhängigkeit von Klimabedingungen und Jahreszeiten. Sie war nicht nur der Einstieg in das fossile Zeitalter, d. h. eine auf ständigen Nachschub von Energieträgern angewiesene Energieumwandlung, sondern sie stellt durch die Möglichkeit der Versorgung der „dritten Haut" mit künstlicher Wärme und Licht im Prinzip auch die Urform der Raumkonditionierung dar. Die mit der Nutzung fossiler Energien verbundenen Probleme der Umweltzerstörung und des Klimawandels sind uns heute bekannt und allgegenwärtig.

Energieoptimierte
Raumkonditionierung

Versteht man unter dem Begriff der Raumkonditionierung die Herstellung eines für das Wohlbefinden des Menschen notwendigen, von allen äußeren Einflüssen unabhängigen Innenraumklimas durch Temperieren (Heizen oder Kühlen), Beleuchten und die Zufuhr von ausreichend Frischluft (Lüften), so kann dies unter Einsatz entsprechender Technik zu einer vom Ort losgelösten und letztlich gleichförmigen Architektur führen. Solche Gebäude sind im Extremfall hermetisch mit Glasfassaden abgeschlossen, unter hohem Technikeinsatz voll klimatisiert und praktisch baugleich in allen Klimaregionen dieser Welt zu finden. Neben auftretenden Befindlichkeitsstörungen der Nutzer ist jedoch auch der sehr hohe Energiebedarf für Heizung, Kühlung und Beleuchtung als Nachteil zu nennen. Die Tatsache, dass 50% der Gesamtenergie weltweit in Gebäuden verbraucht wird, zeigt, dass energieoptimierte Raumkonditionierung auf andere Art und Weise funktionieren muss.

Ein Gebäude sollte immer so konzipiert sein, dass nur geringe zusätzliche Energieströme zur Sicherstellung der Behaglichkeit erforderlich sind. Dies geschieht durch die Ausschöpfung aller zur Verfügung stehenden baulichen (passiven) Maßnahmen unter Berücksichtigung der örtlichen Bedingungen, bevor auf technische (aktive) Maßnahmen zur Raumkonditionierung zurückgegriffen wird. > Kap. Entwurfsprinzipien

Entscheidend für ein energieoptimiertes Gesamtkonzept zur Raumkonditionierung ist immer die sinnvolle Kombination passiver und aktiver Maßnahmen, wobei auch die technischen Komponenten aufeinander abgestimmt sein müssen. Daher sollen im Folgenden die Grundprinzipien und deren gegenseitige Abhängigkeiten erläutert werden, damit für jedes Bauprojekt eine individuelle und ausgewogene Raumkonditionierung entwickelt werden kann.

Entwurfsprinzipien

BEHAGLICHKEITSANFORDERUNGEN
Thermische Behaglichkeit

Der Begriff Behaglichkeit beschreibt ein Gefühl des Wohlbefindens, das von einer Vielzahl von Faktoren beeinflusst wird. Im Bereich der Gebäudetechnik ist damit in der Regel die thermische Behaglichkeit gemeint. Sie bezeichnet einen Zustand, in dem sich die Wärmebilanz des Körpers im Gleichgewicht mit dem Umgebungsklima befindet. Der Nutzer empfindet das Umgebungsklima weder als zu warm noch als zu kalt.

Bedeutung der Behaglichkeit

Thermische Behaglichkeit ist kein Luxus, sondern ein wichtiges Kriterium für die bestimmungsgemäße Nutzbarkeit eines Gebäudes. Die Aufenthaltsqualität in einem Gebäude hat vielfältige Auswirkungen auf die Konzentrations- und Leistungsfähigkeit sowie den Krankenstand (z. B. in Bürogebäuden). In Produktionsbereichen kann fehlende Behaglichkeit frühzeitige Ermüdungserscheinungen mit den entsprechenden Konsequenzen für die Arbeitssicherheit hervorrufen. Die Gewährleistung eines der Nutzung angemessenen Innenraumklimas ist daher ein wesentliches Qualitätsmerkmal eines gelungenen Gebäudekonzeptes.

Einflussfaktoren

Das Behaglichkeitsempfinden hängt von einer Vielzahl von Einflussfaktoren ab, die in Abbildung 1 dargestellt sind.

Bei der Gebäudeplanung lassen sich in der Regel nur die physikalischen Bedingungen beeinflussen, von denen einige im Folgenden detaillierter beschrieben werden. Aber auch Kleidung und Tätigkeit der Nutzer wirken sich deutlich auf das Behaglichkeitsempfinden aus. Beide gehören wie auch die Adaptions- und Akklimatisationsfähigkeit der Nutzer zur Gruppe der „intermediären" Faktoren und werden sowohl von physikalischen als auch von physiologischen Bedingungen beeinflusst.

In bestimmten Fällen können auch weitere Faktoren eine bedeutende Rolle für den Gebäudeentwurf spielen, deren Kenntnis wie auch die bewusste Auslegung eines Gebäudekonzeptes für eine bestimmte Nutzergruppe häufig unverzichtbar für die Planung sind. Zum Beispiel empfinden ältere Menschen oftmals höhere Lufttemperaturen als behaglich, was bei der Planung eines Altenwohnheimes durch entsprechend höhere Raumlufttemperaturen zu berücksichtigen ist.

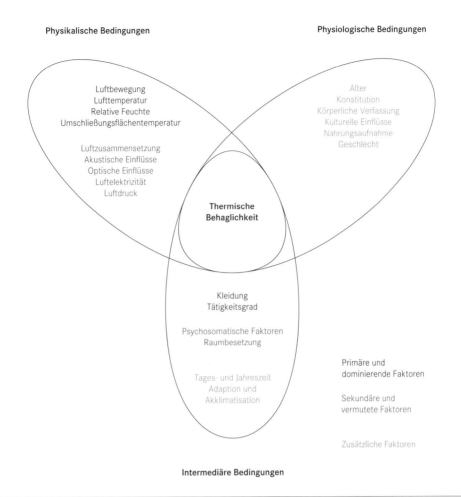

Physikalische Bedingungen

Physiologische Bedingungen

Luftbewegung
Lufttemperatur
Relative Feuchte
Umschließungsflächentemperatur

Luftzusammensetzung
Akustische Einflüsse
Optische Einflüsse
Luftelektrizität
Luftdruck

Alter
Konstitution
Körperliche Verfassung
Kulturelle Einflüsse
Nahrungsaufnahme
Geschlecht

Thermische
Behaglichkeit

Kleidung
Tätigkeitsgrad

Psychosomatische Faktoren
Raumbesetzung

Tages- und Jahreszeit
Adaption und
Akklimatisation

Primäre und
dominierende Faktoren

Sekundäre und
vermutete Faktoren

Zusätzliche Faktoren

Intermediäre Bedingungen

Abb. 1: Einflussfaktoren auf thermische Behaglichkeit

Physikalische Bedingungen

Der bedeutendste physikalische Faktor ist neben der Lufttemperatur vor allem die mittlere Temperatur der Umschließungsflächen. Wie jeder andere Körper steht auch der menschliche permanent im Wärme-Strahlungsaustausch mit den ihn umgebenden Oberflächen. Abhängig von der Entfernung und dem Temperaturunterschied zwischen zwei

Luft- und Strahlungstemperatur

11

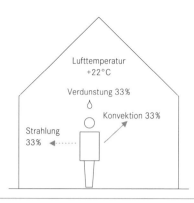

Abb. 2: Wärmeabgabeprinzipien des menschlichen Körpers

Körpern wird mehr oder weniger Wärme in die eine oder andere Richtung abgegeben bzw. aufgenommen und die Wärmebilanz des Körpers somit beeinflusst.

Leichte Unterschiede zwischen Luft- und Strahlungstemperaturen werden vom menschlichen Körper häufig noch als angenehm empfunden. Wird der Unterschied zwischen Luft- und Strahlungstemperatur oder auch der Unterschied zwischen den Strahlungstemperaturen verschiedener Oberflächen jedoch zu groß, führt dies zu Unbehaglichkeit. So kommt es, dass man den Aufenthalt in der Nähe einer sehr warm oder sehr kalt strahlenden Oberfläche (z. B. ein schlecht wärmegedämmtes Bauteil oder Fenster) trotz angenehmer Raumlufttemperaturen als unbehaglich empfindet. > Abb. 3

Operative Temperatur   Da der menschliche Körper keine absoluten Temperaturen, sondern lediglich einen mehr oder weniger starken Wärmeverlust oder -gewinn

○ **Hinweis:** Bei geringer körperlicher Aktivität, normaler Bekleidung und üblichen Raumtemperaturen erfolgt jeweils etwa ein Drittel der Wärmeabgabe des menschlichen Körpers über Strahlung, Konvektion und Verdunstung (siehe Abb. 2).

■ **Tipp:** Bei überwiegend sitzenden Tätigkeiten wie in Büros oder Wohnbereichen führen insbesondere zu warme Decken- sowie kühle Wand- oder Fensterflächen schnell zu Unbehaglichkeiten. Die Temperaturdifferenz zwischen den Oberflächen und der Raumluft sollte nicht mehr als 3 Kelvin (K) betragen. Dabei können innerhalb gewisser Grenzen niedrige Oberflächentemperaturen durch höhere Lufttemperaturen ausgeglichen werden und umgekehrt.

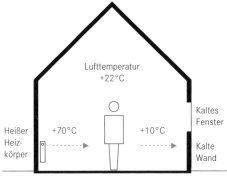

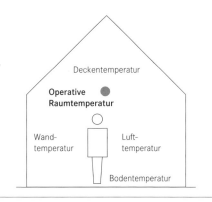

Abb. 3: Unbehaglichkeit durch asymmetrische Strahlungstemperaturen

Abb. 4: Einflussgrößen auf die operative Raumtemperatur

über die Haut empfinden kann, hängt das Temperaturempfinden des Menschen vom Wärmeaustausch mit der Luft und den umgebenden Raumoberflächen ab. Diese gemeinsame Wirkung von Luft- und Strahlungstemperatur auf das menschliche Empfinden wird durch die sogenannte „operative Temperatur" (oder „Empfindungstemperatur") ausgedrückt, die sich als maßgebliche Planungsgröße für Behaglichkeitsbewertungen etabliert hat. > Abb. 4

Die operative Raumtemperatur kann an verschiedenen Stellen im Raum je nach Abstand zu den einzelnen Raumflächen unterschiedlich sein. Zu Planungszwecken wird sie als Mittelwert der Lufttemperatur sowie der mittleren Strahlungstemperaturen aller Raumoberflächen berechnet und zur Bewertung der thermischen Raumzustände eingesetzt. ○

○ **Hinweis:** Die empfohlenen Bereiche operativer Temperaturen variieren nicht nur in Abhängigkeit der Nutzung, sondern auch im internationalen Vergleich. Für Europa finden sich Empfehlungen in der Europäischen Norm EN 15251 z. B. für leichte, sitzende Tätigkeiten von etwa 20–26 °C. Andere Länder verfügen häufig über eigene Regelwerke, deren Empfehlungen hiervon unter Umständen abweichen.

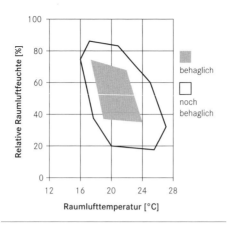

Abb. 5: Einfluss der Raumluftfeuchte auf das
Behaglichkeitsempfinden in Abhängigkeit von der
Raumlufttemperatur (nach Leusden / Freymark)

Luftfeuchte

Eine weitere Einflussgröße auf das Behaglichkeitsempfinden ist die relative Luftfeuchte, da ein Teil der Wärmeabgabe des menschlichen Körpers über Verdunstung erfolgt. Abhängig von der Feuchte können bestimmte Temperaturverhältnisse bei ansonsten gleichen Randbedingungen also als unterschiedlich warm oder kalt empfunden werden. > Abb. 5

Neben inneren Feuchtelasten (Personen und Pflanzen im Raum) wird die relative Raumluftfeuchte einerseits durch die Außenluftfeuchte (also das Klima) beeinflusst. Andererseits verändert sich die relative Feuchte mit Schwankung der Raumlufttemperatur. So führt beispielsweise das Erwärmen der kalten Außenluft im Winter in der Regel zu niedrigen relativen Raumluftfeuchten.

○ **Hinweis:** Für die meisten Nutzungen (z. B. leichte, sitzende Tätigkeiten in Wohnungen oder Büros) wird häufig eine relative Feuchte um 50% (± 15%) empfohlen. Es ist jedoch zu bedenken, dass nur wenige Raumkonditionierungssysteme (z. B. Vollklimaanlagen) überhaupt die Möglichkeit bieten, die Raumluftfeuchte beliebig zu beeinflussen.

Unabhängig von der Feuchtigkeit kann auch die Bewegung der Luft die thermische Behaglichkeit maßgeblich beeinflussen. Sowohl eine zu hohe Luftgeschwindigkeit als auch Verwirbelungen (hoher Turbulenzgrad der Luftströmung) können zu Zugerscheinungen führen. Das Behaglichkeitsempfinden hängt außerdem von der Temperatur der Luft ab: Je niedriger die Lufttemperatur, desto eher wird eine Luftbewegung als störend empfunden, ein warmer Luftstrom wird eher toleriert. Je höher die Lufttemperaturen, desto unproblematischer sind stärkere Verwirbelungen.

Luftbewegung

Obwohl die Zusammensetzung der Luft in Erdnähe im Allgemeinen konstant ist, beeinflusst sie ebenfalls das allgemeine Behaglichkeitsempfinden. Gründe hierfür sind der unter Umständen stark variierende Grad der Verunreinigung und der temperaturabhängige Gehalt an Wasserdampf.

Luftzusammensetzung

Verunreinigungen der Luft können außerhalb und innerhalb eines Gebäudes entstehen. Während die äußeren Einwirkungen meist durch den Gebäudestandort (Straßenverkehr usw.) und die Anordnung von Lüftungsöffnungen beeinflusst werden, sind bei den inneren Einwirkungen insbesondere die Emissionen des Gebäudes (Ausdünstungen von verwendeten Baustoffen, anderen Materialien im Gebäude oder besonderen Nutzungen) sowie die der im Gebäude anwesenden Menschen (Kohlendioxidgehalt der ausgeatmeten Luft, Wasserdampf, Gerüche usw.) zu nennen. Durch Vermeidung dieser Emissionen bzw. durch entsprechenden Luftaustausch sind für die unterschiedlichen Luftbestandteile bestimmte Grenzwerte einzuhalten, um Unbehaglichkeiten oder gar gesundheitliche Schäden zu vermeiden.

Eine besondere Bedeutung kommt dabei der Kohlenstoffdioxid-Konzentration der Raumluft zu, die durch die Atmung der im Raum befindlichen Personen angereichert und bereits bei Anteilen im Promillebereich problematisch wird. Entgegen der weit verbreiteten Meinung ist also in der Regel nicht ein Mangel an Sauerstoff (O_2), sondern ein CO_2-Überschuss die Ursache für „schlechte" oder „verbrauchte" Luft und

Kohlenstoffdioxidgehalt der Luft

■ **Tipp:** Für leichte, sitzende Tätigkeiten in Wohnungen oder Büros wird häufig empfohlen, die mittlere Luftgeschwindigkeit durch eine entsprechende Anzahl ausreichend großer Luftauslässe auf etwa 0,2 m/s bei geringer Turbulenz (ca. 5%) zu begrenzen. Lokale Unbehaglichkeiten durch höhere Werte z. B. in unmittelbarer Nähe von Luftauslässen sind zu berücksichtigen. Genauere Informationen finden sich beispielsweise in der Europäischen Norm EN 15251.

○ **Hinweis:** Trockene Luft besteht aus 78,1% Stickstoff (N_2), 20,93% Sauerstoff (O_2), 0,03% Kohlenstoffdioxid (CO_2) sowie 0,94% Argon und weiteren Edelgasen. Darüber hinaus enthält das „Gesamtgemisch Luft" wechselnde Anteile an Wasserdampf sowie Verunreinigungen in Form von Stickoxid, Schwefeldioxid, Abgasen, Staub, Schwebstoffen und diversen Mikroorganismen.

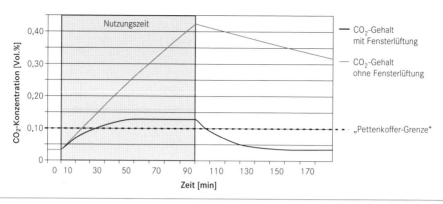

Abb. 6: CO$_2$-Anreicherung in einem Klassenraum (150 m^3, 30 Personen) während und nach einer Nutzungszeit (90 Min.) mit und ohne Lüftung über gekippte Fenster (3-facher Luftwechsel)

damit maßgeblich für den erforderlichen Luftaustausch. Abbildung 6 zeigt die Anreicherung von CO$_2$ während der Nutzungszeit am Beispiel eines
○ Klassenraums.

Zusätzliche Schadstoffe

Ist die Atemluft darüber hinaus mit zusätzlichen Schadstoffen, z. B. durch Rauchen, Emissionen verwendeter Materialien oder durch bestimmte Herstellungsprozesse an Arbeitsplätzen belastet, besteht ein zusätzlicher Außenluftbedarf. Dieser wird durch die Schadstoffkonzentration bestimmt, d. h., Schadstoffe müssen durch entsprechenden Luftaustausch innerhalb zulässiger Grenzwerte gehalten werden.

○ **Hinweis:** Der sogenannte „Pettenkoffer-Maßstab", aufgestellt vom Münchener Arzt und Hygieniker Max von Pettenkoffer, besagt, dass der CO$_2$-Gehalt der Raumluft den Wert von maximal 0,10 % nicht überschreiten sollte. Diese vergleichsweise hohe Anforderung wird in den meisten europäischen Ländern als Behaglichkeitskriterium für die Raumluftqualität angewendet. Durch ausreichende Lüftungsmöglichkeiten muss eine Überschreitung dieses Grenzwertes vermieden werden.

○ **Hinweis:** Die Adaptionsfähigkeit wird seit kurzem in der Planung von Gebäuden berücksichtigt. In neuen Regelwerken, wie beispielsweise der europäischen Norm EN 15251, werden die empfohlenen Behaglichkeitsbereiche daher in Abhängigkeit von zurückliegenden Außenlufttemperaturen definiert. Es ist zu erwarten, dass auch andere Länder in Zukunft ihre Planungsgrundlagen an diese neuen Erkenntnisse anpassen.

Tab. 1: Beispiel für die Wärmeabgabe von Personen bei unterschiedlichen Aktivitäts-graden in Anlehnung an DIN 1946-2

Tätigkeit	Gesamtwärmeabgabe je Person Anhaltswerte W
Statische Tätigkeit im Sitzen wie Lesen und Schreiben	120
Sehr leichte körperliche Tätigkeit im Stehen oder Sitzen	150
Leichte körperliche Tätigkeit	190
Mittelschwere bis schwere körperliche Tätigkeit	über 270

Intermediäre Bedingungen

Bei körperlicher Anstrengung erhöht sich der Energieumsatz im menschlichen Körper und damit das Bedürfnis, Wärme an die Umgebung abzugeben. > Tab. 1 Bei geringer Bewegung wird wenig Energie umgesetzt, und die Wärmeabgabe darf nicht zu groß sein. Der Aktivitätsgrad des Nutzers hat daher ebenfalls maßgeblichen Einfluss auf das Behaglichkeits-empfinden. Die als behaglich empfunden Temperaturen sind umso höher, je niedriger der Aktivitätsgrad ist. Zudem akzeptieren Menschen bei geringer körperlicher Aktivität (z. B. ruhige, sitzende Schreibtischtätigkeit) in der Regel weniger Abweichungen von der „idealen Temperatur" als bei erhöhter Aktivität (Sport, körperliche Arbeit usw.). Nutzeraktivität

Unabhängig von der körperlichen Aktivität beeinflusst die Bekleidung die Wärmeabgabe und damit die Wärmebilanz des Körpers. Je geringer der Bekleidungsgrad, desto größer die Wärmeabgabe des menschlichen Körpers an die Luft und die ihn umgebenden Oberflächen. So werden in Barfuß- oder Nacktbereichen (z. B. in Duschen oder Saunalandschaften) häufig erhöhte Lufttemperaturen und zusätzlich warme Oberflächen (z. B. Fußbodenheizungen) vorgesehen, um Unbehaglichkeiten zu vermeiden. Umgekehrt nimmt mit steigendem Bekleidungsgrad die Empfindlichkeit gegenüber Schwankungen des Umgebungsklimas aufgrund der Isolationswirkung der Kleidung ab. Bekleidung

Die Fähigkeit des menschlichen Körpers, sich kurz-, mittel- oder langfristig an bestimmte Klimasituationen (z. B. Hitzeperioden) zu gewöhnen, bezeichnet man als Adaption bzw. Akklimatisation. Diese Anpassungsfähigkeit kann dazu führen, dass zunächst unbehagliche Bedingungen nach einer bestimmten Zeit als angenehmer oder zumindest weniger störend empfunden werden. Anpassungsvermögen

○

BEDARFSERMITTLUNG

Die ganzjährige Sicherstellung eines der Nutzung entsprechenden, behaglichen Raumklimas im Sinne der beschriebenen Kriterien ist eine der Hauptanforderungen an Gebäude. Diese Anforderung gilt für die unterschiedlichsten Klimazonen gleichermaßen, wogegen sich die erforderlichen Maßnahmen deutlich unterscheiden können.

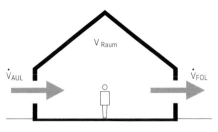

$$\dot{V}_{AUL} = \dot{V}_{FOL}$$

$$LW = \frac{\dot{V}}{V_{Raum}}$$

$\dot{V}$ = Luftvolumenstrom (Luftmenge) [m³/h]
AUL = Außenluft (Frischluft)
FOL = Fortluft

Abb. 7: Luftwechselzahl (LW)

Lüftungsbedarf

Zur Sicherung einer hygienischen Luftqualität im Innern eines Gebäudes ist es erforderlich, die Raumluft in bestimmten Zeiträumen auszutauschen, also verbrauchte Luft und Schadstoffe abzuführen und durch Frischluft zu ersetzen. Diese Aufgabe erfüllen in der Regel öffenbare Fenster in der Außenwand, aber oftmals auch mechanische Lüftungsanlagen. > Kap. Lüftungssysteme Wie oft dabei das gesamte Raumluftvolumen innerhalb eines Zeitraums, z. B. innerhalb einer Stunde, durch Frischluft ersetzt werden sollte, gibt die Luftwechselzahl (LW) an. > Abb. 7

○ Wie häufig die Luft in einem Raum ausgetauscht werden muss, um

Erforderlicher Mindestluftwechsel eine gesunde Raumluft zu gewährleisten, ist vor allem in Abhängigkeit von der jeweiligen Nutzung eines Raums zu sehen. Die in der Literatur angegebenen Luftwechselzahlen weichen jedoch unter Umständen deut-

---

○ **Hinweis:** Frischluft ist Luft aus einer schadstoffunbelasteten, natürlichen Umgebung. Sie ist in der Lüftungstechnik von der Außenluft zu unterscheiden, da diese außerhalb der Gebäudehülle angesaugt wird, wo die Luft durchaus warm und belastet sein kann. Die CO_2-Konzentration und eventuell vorhandene Luftverunreinigungen sind im Allgemeinen in der Außenluft aber geringer als in der Innenluft. Der Bedarf an Frischluft wird also in der Regel durch die Zufuhr von Außenluft gedeckt, und deshalb wird im Folgenden der Begriff Außenluft verwendet.

● **Beispiel:** Bei einem mit einer Person belegten Wohnraum von 20 m² Grundfläche und einer lichten Raumhöhe von 2,50 m, also 50 m³ Raumvolumen, wäre es gemäß Tabelle 3 ausreichend, die Luft des Raumes innerhalb einer Stunde zur Hälfte durch frische Außenluft zu ersetzen (LW = 0,5/h). Wie lange man dafür beispielsweise ein Fenster geöffnet halten muss, zeigt Tabelle 7 (S. 40). Wäre der Raum mit zwei Personen belegt, wäre ein Außenluftvolumenstrom $\dot{V}$* von 50 m³/h und damit eine Luftwechselrate von 1,0/h erforderlich, d. h., die Raumluft müsste pro Stunde einmal komplett durch Außenluft ersetzt werden.

lich voneinander ab und sind deshalb nur als Durchschnittswerte bei typischen Raumgrößen, Belegungsdichten und Schadstoffbelastungen zu verstehen. Sie sind jedoch insbesondere für die Vorplanung von Interesse. > Tab. 2

Die erforderliche Menge der dem Raum zuzuführenden frischen Außenluft pro Zeiteinheit, der sogenannte Außenluft-Volumenstrom $\dot{V}$ (meist angegeben in m^3/h) sollte besser in Abhängigkeit der zu erwartenden Schadstoffbelastung durch Personen und sonstigen Emissionen berechnet werden. Aus dem so ermittelten Volumenstrom und dem Raumvolumen kann eine Luftwechselrate als zusätzliche Planungsgröße berechnet werden.

Außenluft-volumenstrom

In Räumen, deren Luft nicht wesentlich durch Schadstoffemissionen von Baustoffen oder besonderen Nutzungen belastet ist, ist in der Regel der Personenbezug maßgebend.

Wie bereits erläutert, > Kap. Entwurfsprinzipien, Behaglichkeitsanforderungen gilt als Frischluftbedarf eines Menschen ein Luftaustausch, bei dem die empfohlene Obergrenze für die CO_2-Konzentration in der Raumluft nicht überschritten wird. Der erforderliche Außenluftvolumenstrom hängt also von der Nutzungsart, der zu erwartenden Schadstoffbelastung des Raumes und von der Anzahl der Personen im Raum ab. In der Praxis werden die Werte Tabellen entnommen. > Tab. 3

●

Der Luftwechsel sollte, insbesondere bei niedrigen Außentemperaturen, möglichst nur das hygienisch erforderliche Maß erfassen, da erhöhte Außenluftzufuhr immer auch höhere Lüftungswärmeverluste verursacht. > siehe unten Umgekehrt kann ein erhöhter Luftwechsel bei zu hohen Raumlufttemperaturen auch gezielt zum Abtransport überschüssiger Wärme eingesetzt werden.

Abweichende Volumenströme

Tab. 2: Richtwerte Luftwechselzahl LW

Art des Raumes	LW in 1/h
Wohnräume	0,6–0,7
Toiletten	2–4
Büros	4–8
Kantinen	6–8
Gaststätten	4–12
Kinos	4–8
Hörsäle	6–8
Sitzungszimmer	6–12
Warenhäuser	4–6

Tab. 3: Empfohlene Mindestaußenluftvolumenströme in Anlehnung an DIN EN 13779 und DIN 1946-2

Raumart	Außenluftvolumenstrom $\dot{V}_{AUL\,min}$	
	personenbezogen in m³/(h × Person)	Flächenbezogen in m³/(h × m²)
Wohnräume	25	–
Kinos, Konzertsäle, Museen, Lesesäle, Sporthallen, Verkaufsräume	20	10-20
Hörsäle, Klassen-, Seminar- und Konferenzräume	30	15
Einzelbüros	40	4
Großraumbüros	60	6
Gaststätten	30	8

Temperierungsbedarf

Temperierungsbedarf (Heizwärme- und Kühlenergiebedarf) entsteht immer durch ein Ungleichgewicht der Energiebilanz eines Gebäudes oder Raumes.

Energiebilanz eines Raumes

Raumtemperaturen sollen in einem der Nutzung entsprechenden, behaglichen Bereich liegen. Über Transmission (Wärmestrom durch die Gebäudehülle aufgrund von Temperaturunterschieden zwischen innen und außen) und Lüftung (Luftaustausch zwischen innen und außen über unkontrollierbare Undichtigkeiten der Gebäudehülle sowie über kontrollierte natürliche oder mechanische Lüftung) wird einem Gebäude Wärme entzogen. Solare Einstrahlung durch transparente Bauteile und die Wärmeabgabe von Geräten und Personen im Innern führen dem Gebäude Wärme zu. > Abb. 8

Je nach Gebäudestandort kann es daher trotz einer auf das jeweilige Klima angepassten Bauweise (z. B. hochwärmegedämmte Gebäudehülle, Sonnenschutz usw.) notwendig sein, dem Gebäude oder dem Raum zumindest zeitweise künstlich (durch Gebäudetechnik) Wärme zuzuführen bzw. überschüssige Wärme zu entziehen, um die gewünschte Soll-Innenraumtemperatur zu erreichen. Da dies immer mit zusätzlichem Energiebedarf verbunden ist, sollte es das Ziel sein, diesen zusätzlichen Temperierungsbedarf durch eine intelligente, den örtlichen Gegebenheiten angepasste Architektur und Gebäudetechnik zu vermeiden bzw. so gering wie möglich zu halten. > Kap. Entwurfsprinzipien, Bedarfsdeckung

Heizwärmebedarf

Die Wärmeverluste eines Gebäudes bzw. Raumes müssen also, wenn die solaren und internen Gewinne nicht ausreichen, durch einen entsprechenden Wärmenachschub eines Heizsystems ausgeglichen werden. > Abb. 9 Über das Jahr gesehen, ergibt die Summe der Wärmeverluste, unter Berücksichtigung entsprechender Wärmegewinne, den Jahresheizwärmebedarf eines Gebäudes. Um die thermische Qualität eines Gebäudes beurteilen zu können, wird üblicherweise der Jahresheizwärmebedarf pro

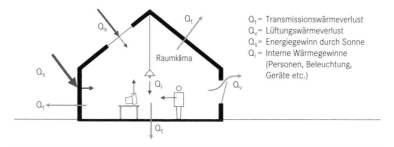

Abb. 8: Einflussgrößen auf die Wärmebilanz eines Gebäudes

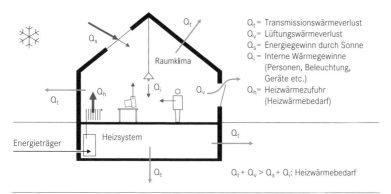

Abb. 9: Entstehung von Heizwärmebedarf

Quadratmeter Nutzfläche [$kWh/(m^2a)$] errechnet. Dieser Energiekennwert erlaubt es, Gebäude nach den entsprechenden nationalen Energiestandards zu charakterisieren und energetisch einzuordnen.

○

○ **Hinweis:** Der Jahresheizwärmebedarf liefert keine Aussagen über die tatsächliche Energiemenge, die an das Gebäude übergeben werden muss. Um diesen sogenannten Endenergiebedarf Q_e, meist ablesbar am Energiemengenzähler (Gaszähler, Stromzähler usw.), zu ermitteln, muss eine eventuell mit der Heizung gekoppelte Warmwasseraufbereitung ebenso berücksichtigt werden wie der Wirkungsgrad der Heizungsanlage inklusive entsprechender Verluste über die Wärme verteilung und die zum Betrieb der Anlage erforderliche Hilfsenergie (in der Regel Strom für Pumpen usw.). Zur Beurteilung des Gesamtenergiebedarfs einschließlich der Umweltauswirkungen eines Gebäudes muss darüber hinaus noch der verwendete Brennstoff mitbilanziert werden. Dies geschieht entweder über die Ermittlung des CO_2-Ausstoßes oder über die Ermittlung des Gesamtprimärenergiebedarfs (siehe Kap. Entwurfsprinzipien, Bedarfsdeckung, Umweltauswirkungen).

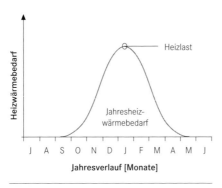

Abb. 10: Heizlast und Jahresheizwärmebedarf (Mitteleuropa)

Tab. 4: Norm-Innenraumtemperaturen für beheizte Räume (nach DIN EN 12831 Bbl.1), falls vom Bauherrn nicht andere Werte gefordert werden

Gebäude- bzw. Raumtyp	Operative Temperatur [°C]
Wohn- und Schlafräume	+ 20,0
Büroräume, Sitzungszimmer, Ausstellungsräume, Haupttreppenräume, Schalterhallen	+ 20,0
Hotelzimmer	+ 20,0
Verkaufsräume und Läden allgemein	+ 20,0
Unterrichtsräume allgemein	+ 20,0
Theater- und Konzerträume	+ 20,0
WC-Räume	+ 20,0
Bade- und Duschräume, Bäder, Umkleideräume, Untersuchungszimmer (generell jede Nutzung für den unbekleideten Bereich)	+ 24,0
Beheizte Nebenräume (Flure, Treppenräume)	+ 15,0

Heizlast

Zur Dimensionierung einer Heizungsanlage (Wärmeerzeuger und Wärmeabgabesysteme) muss zudem die Heizlast, also die maximale Heizleistung ermittelt werden. Sie gibt an, welche Wärmemenge (in W bzw. kW) einem Gebäude im ungünstigsten Fall, also am kältesten Tag des Jahres, zugeführt werden muss, um die Wärmeverluste auszugleichen und die erforderlichen Norm-Innenraumtemperaturen sicherzustellen. > Tab. 4 und Abb. 10

Kühlenergiebedarf

Kühlenergiebedarf entsteht, wenn die Wärmegewinne (infolge von solarer Einstrahlung und innerer Wärmelasten) größer werden als die

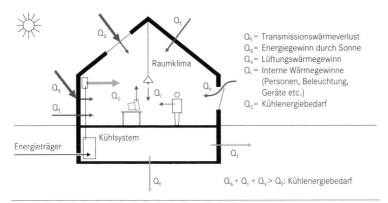

Q$_t$ = Transmissionswärmeverlust
Q$_s$ = Energiegewinn durch Sonne
Q$_v$ = Lüftungswärmegewinn
Q$_i$ = Interne Wärmegewinne
(Personen, Beleuchtung,
Geräte etc.)
Q$_c$ = Kühlenergiebedarf

Q$_s$ + Q$_i$ + Q$_v$ > Q$_t$: Kühlenergiebedarf

Abb. 11: Entstehung von Kühlenergiebedarf

Wärmeverluste (infolge von Lüftungs- und Transmissionsverlusten) und der Wärmeüberschuss nicht ausreichend in thermisch wirksamen Speichermassen gepuffert werden kann. > Kap. Entwurfsprinzipien, Bedarfsdeckung Die Raumtemperaturen steigen, und eine Überschreitung der maximal gewünschten Raumtemperaturen kann nur noch durch aktive, also gebäudetechnische Maßnahmen vermieden werden. > Abb. 11

Aufgrund der recht komplexen physikalischen Zusammenhänge der Einflussgrößen ist eine exakte Vorhersage des zu erwartenden Kühlenergiebedarfes schwierig. Da korrekterweise neben den Veränderungen der äußeren und inneren Lasten auch die Ein- und Ausspeichervorgänge der Bauteilmassen berücksichtigt werden müssen, sind hierzu in der Regel dynamische Simulationsprogramme erforderlich, die in kritischen oder schwierigen Fällen eine genaue Analyse einer Situation in stündlichen Simulationsschritten erlauben.

○ Berechnung des Kühlenergiebedarfs

Im Planungsalltag wird daher häufig auf eine genaue Vorhersage des Kühlenergiebedarfes verzichtet und stattdessen eine sogenannte Kühllastberechnung vorgenommen. Diese wird anhand von statischen (also unveränderlichen) Zuständen durchgeführt. Sie ermöglicht insbesondere eine Abschätzung der maximalen Kühllast, die zur Auslegung der Anlage

Kühllast

○ **Hinweis:** Bei hohen Außenlufttemperaturen können nicht nur die Wärmegewinne infolge solarer Einstrahlung und innerer Lasten (Personen, Geräte und Beleuchtung), sondern auch die Wärmegewinne über Lüftung und schlecht wärmegedämmte Bauteile zu einem Kühlenergiebedarf führen.

Tab. 5: Beispiele für innere Wärmelasten

	Leistung im Betrieb
Computer mit Bildschirm	150 W
Laserdrucker	190 W
Person, sitzende Tätigkeit	120 W
Beleuchtung	10 W/m² Grundfläche

hilfreich sein kann. Häufig führt diese vereinfachte Betrachtungsweise jedoch zu überdimensionierten Anlagen und ersetzt daher nicht eine genauere Betrachtung durch einen Fachplaner.

Für die erste Auswahl von Kühlsystemen im Gebäudeentwurf ist es hilfreich, die ungefähre Wärmelast eines Raumes abschätzen zu können und diese mit der Leistungsfähigkeit verschiedener Kühleinrichtungen zu vergleichen. Tabelle 5 zeigt überschlägige Werte häufiger Wärmelasten ● in einem Büroraum.

Es ist zu prüfen, in welchem Maße der bei einer vereinfachten Kühllastberechnung ermittelte Bedarf auch durch Speichermassen und Lüftung kompensiert werden kann. Dies führt in der Regel zu einer wirtschaftlicheren Dimensionierung der Anlage.

BEDARFSDECKUNG
Vermeidungsprinzip

Um den Energiebedarf eines Gebäudes möglichst gering zu halten, wird neben der für Heizung, Kühlung und Lüftung benötigten Endenergie auch der nutzungsspezifische Bedarf (z. B. elektrische Verbraucher wie

---

● **Beispiel:** Für ein Einzelbüro mit 10 m² Grundfläche kann die zu erwartende Kühllast auf folgende Weise überschlägig ermittelt werden:
Nach Tabelle 5 ergibt sich eine zu erwartende innere Spitzenlast von 560 W (150+190+120+100) bzw. 56 W/m², bezogen auf die Grundfläche von 10 m². Da aber Lasten wie der Drucker oder die Beleuchtung nicht durchgehend anfallen, dürfte dieser Wert für die Betrachtung etwas zu hoch liegen. Eine Abminderung der Betriebszeiten für Drucker und Beleuchtung auf beispielsweise 50 % führt zu einer inneren Wärmelast von 41,5 W/m². Zusätzlich muss die solare Einstrahlung über die Fassade berücksichtigt werden.

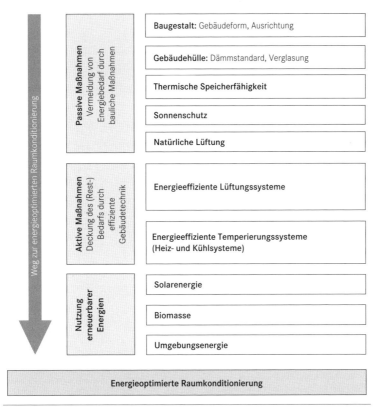

Abb. 12: Maßnahmen zur energieoptimierten Raumkonditionierung

Computer, Maschinen usw.) betrachtet. Zur Vermeidung von Energiebedarf und zur Deckung der notwendigen Energiemenge können aktive
und passive Maßnahmen unterschieden werden. > Abb. 12

Passive Maßnahmen

Passive Maßnahmen ermöglichen ohne (nennenswerten) Energieeinsatz die gewünschte Beeinflussung der Wärmegewinne und -verluste.
Zwar kann nicht immer der gewünschte Zielzustand erreicht werden,
jedoch wirken die passiven Maßnahmen in die gewünschte Richtung und
reduzieren damit den Bedarf aktiver Maßnahmen (d.h. den Energiebedarf). Es stehen verschiedene passive Maßnahmen zur Verfügung, die
zum Teil von grundlegenden architektonischen Aspekten abhängen und
daher bereits in einem sehr frühen Planungsstand zu bedenken sind.

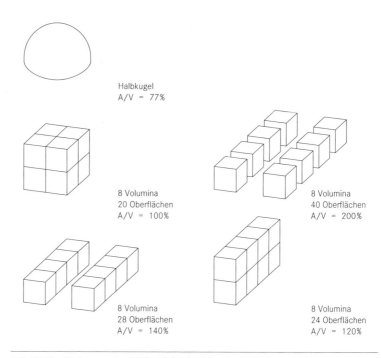

Halbkugel
A/V = 77%

8 Volumina
20 Oberflächen
A/V = 100%

8 Volumina
40 Oberflächen
A/V = 200%

8 Volumina
28 Oberflächen
A/V = 140%

8 Volumina
24 Oberflächen
A/V = 120%

Abb. 13: Oberflächenanteile gleicher Volumina (ohne Bodenflächenanteil)

Gebäudeform

Ein Gebäude steht über seine Hülle in Verbindung mit der Außenwelt. Die Größe dieser Wärme übertragenden, thermischen Hülle bestimmt somit auch die Menge an Wärme, die übertragen wird. Daher ist die Gebäudeform ein ganz wesentlicher Entwurfsparameter für die Energiebilanz eines Gebäudes. Die energetische Kenngröße für die Gebäudekubatur ist das sogenannte A/V-Verhältnis, also das Größenverhältnis zwischen Wärme übertragender Gebäudehüllfläche und dem von ihr eingeschlossenen Gebäudevolumen. > Abb. 13

Beim Gebäudeentwurf sind in der Regel verschiedene Parameter wie Raumhöhen, Tageslichtversorgung in tiefen Räumen oder funktionale Zusammenhänge zu berücksichtigen, welche die energetischen Optimierungsmöglichkeiten der Kubatur einschränken. Grundsätzlich führen jedoch die Auflösung einer Bauaufgabe in mehrere voneinander getrennte Baukörper (Einzelgebäude usw.) sowie die ausgeprägte Strukturierung von Grundrissen (Kammstrukturen usw.) zu vergleichsweise großen Hüllflächen und somit ungünstigen energetischen Voraussetzungen. Energetisch besser sind daher kompakte Formen sowie eine möglichst geringe Anzahl von Baukörpern.

Ausrichtung und Zonierung

Über die Ausrichtung und Zonierung eines Gebäudes können solare Gewinne zu Gunsten von Energieeinsparung und Behaglichkeit vorteilhaft genutzt werden. In einem Wohngebäude mit überwiegendem Heizwärmebedarf (z. B. in Nordeuropa) sollten die Räume mit den höchsten Temperaturanforderungen (z. B. Wohnräume) mit großen Glasflächen zur Sonne hin orientiert sein, um maximal von solaren Gewinnen profitieren zu können. Räume mit niedrigeren Temperaturen (z. B. reine Schlafräume) können von der Sonne abgewendet werden. Einen thermisch hoch belasteten Raum (z. B. Besprechungsraum mit hoher Personenbelegungsdichte) hingegen sollte man nach Möglichkeit von der Sonne abgewandt orientieren, um zusätzliche Überhitzung und eventuelle Kühllasten durch solare Einstrahlung zu vermeiden. Zonen mit untergeordneter Nutzung und geringeren Anforderungen an Temperaturen und Behaglichkeit (z. B. Erschließungsbereiche) können zudem so um die Hauptnutzungsbereiche angeordnet werden, dass sie als Pufferzonen zwischen Innen- und Außenklima wirken.

Die Wärmedämmung stellt eine thermische Barriere zwischen dem Innen- und Außenraum eines Gebäudes dar. Der Dämmstandard ist somit ein Maß für die thermische Qualität der Wärme übertragenden Gebäudehülle. In moderaten Klimazonen, in denen die Außentemperaturen im Tages- und Jahresverlauf nur wenig schwanken, nimmt die Bedeutung des Dämmstandards zwar ab, dies sind jedoch seltene Ausnahmefälle. In der Regel kann sowohl für warme als auch für kalte Regionen ein guter Dämmstandard als hilfreich bei der Vermeidung von Heiz- bzw. Kühlenergiebedarf gesehen werden.

Eine besondere Bedeutung kommt dabei den transparenten Bauteilen (Fenster, Oberlichter usw.) zu, da der Dämmstandard eines Fensters in der Regel schlechter ist als der eines lichtundurchlässigen Bauteils. Je nach Fensterqualität und Gebäudestandort können die Vorteile solarer Gewinne bei großen Fenstern durch die erhöhten Wärmeverluste im Winter zunichte gemacht werden.

Jedes Material hat die mehr oder weniger ausgeprägte Fähigkeit, Wärme zu speichern und diese zeitverzögert wieder abzugeben. Abhängig von den Materialien der Bauteile, die einen Raum umschließen (Wände, Boden, Decke), kann mehr oder weniger Wärme gespeichert und zeitversetzt wieder abgegeben werden. Beton oder Kalk-Sandstein z. B. speichert mehr Wärme als Holz oder Gipskarton. Man spricht hier auch von der „thermischen Masse" eines Raumes oder eines Gebäudes. > Abb. 14

Die thermische Masse hat zwar keinen direkten Einfluss auf die Wärmegewinne und -verluste, sie ist jedoch von großer Bedeutung für die Heiz- bzw. Kühllast, also den Energiebedarf eines Gebäudes zu einem bestimmten Zeitpunkt: Große thermische Massen können mehr Wärme aus der Raumluft einspeichern oder abgeben und somit Heiz- oder Kühlbedarf vermeiden. Zusätzlich verbessern große thermische Massen in der Regel die Behaglichkeit, da die Oberflächentemperaturen bei steigenden Lufttemperaturen langsamer ansteigen und umgekehrt bei fallenden Temperaturen langsamer abfallen.

Dämmstandard

Thermische Speicherung

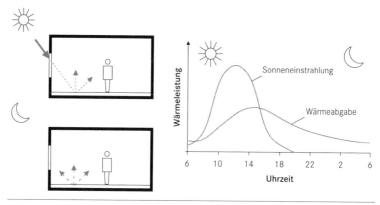

Abb. 14: Prinzip der thermischen Speicherung

Sonnenschutz   Der Sonnenschutz eines Gebäudes ist eine der bedeutendsten passiven Maßnahmen zur Raumkonditionierung. Die Sonneneinstrahlung in das Gebäude hat, wie bereits erläutert, einen wesentlichen Einfluss auf den Energiebedarf. Der Sonnenschutz muss daher die entgegengesetzten Ziele maximaler solarer Einstrahlung bei kalter Witterung und Überhitzungsvermeidung bei warmem Wetter bestmöglich ausbalancieren können.

○   Sonnenschutzmaßnahmen sind nach starren und flexiblen Maßnahmen zu unterscheiden. Die starren Maßnahmen wie Fenstergröße,

○ **Hinweis:** Weitere Informationen zur Gestaltung von Fenstern und Sonnenschutzelementen finden sich in *Basics Fassadenöffnungen* von Roland Krippner und Florian Musso, erschienen im Birkhäuser Verlag 2008.

■ **Tipp:** Abhängig von der Nutzung, können solare Einstrahlungen ganzjährig zu kritischen Situationen führen. Dies ist z. B. bei modernen Bürobauten mit hohen inneren Lasten häufig der Fall. In Verbindung mit einem guten Dämmstandard haben diese Gebäude selbst bei gemäßigtem Klima (z. B. in Deutschland) oft an nur wenigen Tagen im Jahr überhaupt Heizwärmebedarf. In solchen Fällen ist beispielsweise der Einsatz von großflächigen Verglasungen besonders kritisch zu prüfen, um Überhitzungen im Sommer zu vermeiden.

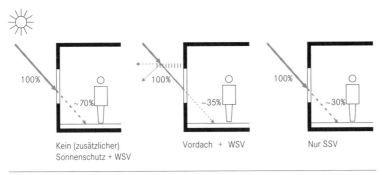

Abb. 15: Wirkungsweise von starren Sonnenschutzsystemen in Kombination mit Wärmeschutzverglasung (WSV) bzw. Sonnenschutzverglasung (SSV)

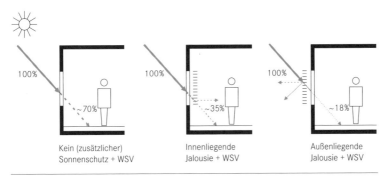

Abb. 16: Wirkungsweise von Sonnenschutzsystemen in Kombination mit Wärmeschutzverglasung (WSV)

Orientierung, bauliche Verschattung (durch das eigene oder andere Gebäude, Vordächer, Bäume usw.) und der Gesamtenergiedurchlassgrad des verwendeten Glases können weder jahres- noch tageszeitlich variiert werden, wodurch sich Nachteile gegenüber flexiblen Systemen ergeben. > Abb. 15

Flexible Maßnahmen (Jalousien, Rollos usw.) bieten die Möglichkeit, kurzfristig zu beeinflussen, wie viel Strahlung in den Raum gelangt. Damit kann der Heizwärmebedarf im Winter so weit wie möglich reduziert und gleichzeitig eine Raumüberhitzung (bzw. Erhöhung des Kühlenergiebedarfs) im Sommer vermieden werden. Flexible Systeme sind aus diesem Grund gegenüber starren Systemen zu bevorzugen. Abbildung 16 zeigt die Wirkungsweise von flexiblen Sonnenschutzsystemen.

Die natürliche Lüftung ist ebenfalls als passive Maßnahme zur Raum-konditionierung zu werten. Neben der Möglichkeit, den Außenluftbedarf eines Gebäudes ohne Energieeinsatz für die Luftbeförderung zu decken, bietet sie auch die Möglichkeit, warme Luft aus dem Gebäude abzuführen und damit die Kühllasten zu reduzieren. Welche Besonderheiten bei der Planung von natürlichen Lüftungskonzepten zu beachten sind und wann natürliche Lüftung an ihre Grenzen stößt, wird im Kapitel Lüftungs-systeme genauer beschrieben.

Aktive Maßnahmen

Der Energiebedarf eines Gebäudes, der durch die beschriebenen pas-siven Maßnahmen nicht abgedeckt werden kann, muss durch aktive Maß-nahmen unter Zuführung von Energie gedeckt werden. Grundsätzlich kann der Einsatz aktiver Systeme auch Vorteile, wenn auch an anderer Stelle, bieten. Jedes Konzept muss deshalb mit all seinen Bestandteilen und Energieträgern als Einheit betrachtet werden.

Effizienzsteigerung Bei der Deckung des verbleibenden Energiebedarfes eines Gebäu-des ist darauf zu achten, dass die eingesetzten Komponenten möglichst effizient arbeiten, also bei der Energiebereitstellung, -verteilung und -übergabe an den Raum möglichst geringe Verluste entstehen. Für jede dieser Aufgaben gibt es eine Vielzahl von möglichen Komponenten mit entsprechenden Vor- und Nachteilen. Jedoch lassen sich die Komponen-ten nicht beliebig miteinander kombinieren. Auch hier ist also ein ganz-heitlicher Planungs- und Denkansatz erforderlich, um die Erschließung bestimmter Potenziale nicht durch Fehlentscheidungen auszuschließen. Ein Beispiel für die Effizienzsteigerung von Heizsystemen zeigt Abbil-dung 17.

Energieübergabe Die Wahl der Übergabesysteme hängt insbesondere von den Fak-toren „Strahlungsanteil" und „Regelträgheit" ab.

Ein Heiz- oder Kühlkörper gibt seine Energie teilweise über Strahlung, teilweise über Konvektion („Mitführung" der Wärme über die Luft) an den Raum ab. Durch den starken Einfluss der Oberflächentemperaturen ei-nes Raumes auf die operativen Raumtemperaturen und damit auf das Be-haglichkeitsempfinden im Raum sind strahlende Wärmeübergabesysteme in der Regel vorteilhaft. > Kap. Entwurfsprinzipien, Behaglichkeitsanforderungen

Die Geschwindigkeit, mit der ein Übergabesystem auf Veränderungen der Regelung (z. B. durch Öffnen oder Schließen eines Ventils) reagieren kann, bezeichnet man als „Regelträgheit". Diese Eigenschaft ist insbe-sondere dann von Bedeutung, wenn Räume wechselnden Nutzungen oder

● thermischen Lasten ausgesetzt sind.

Bei Räumen mit häufig wechselnden Bedingungen und hohen Behag-lichkeitsanforderungen werden daher häufig Kombinationen aus trägen Strahlungsflächen zur Grundlastdeckung und schnell regelbaren Luftsys-temen zur Spitzenlastdeckung verwendet, die ihre jeweiligen Nachteile

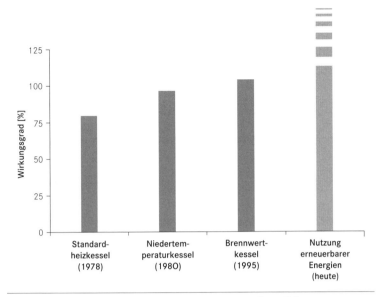

Abb. 17: Effizienzsteigerung (heizwertbezogener Wirkungsgrad) von Heizsystemen

gegenseitig kompensieren und ihre Vorteile zu einem leistungsfähigen, effizienten System ergänzen. Solche Lösungen bedingen allerdings verhältnismäßig hohe Investitionskosten bei der Errichtung. > Kap. Temperierungssysteme, Wärme- und Kälteübergabe

Transport und Verteilung der Energie vom Erzeuger zur Übergabestelle ist ebenfalls von Bedeutung für das Gesamtkonzept. Zunächst ist zu bedenken, dass jeder Transport von Luft oder Wasser durch Leitungen und Kanäle mit Verlusten behaftet ist: Es sind dies einerseits Reibungsverluste, die an den Innenseiten der Leitungen entstehen, andererseits

Verteilung

● **Beispiel:** Ein Besprechungsraum wird im Winter durch ein Heizsystem auf der gewünschten Temperatur gehalten. Mit Beginn einer Besprechung hält sich in dem Raum jedoch eine Vielzahl von Personen auf, die Körperwärme abgeben, sodass eine zusätzliche Heizleistung nicht mehr erforderlich ist. Hier sollte das Heizsystem in der Lage sein, unmittelbar seine Leistung zu reduzieren, um Überhitzung und unnötigen Energieverbrauch zu vermeiden.

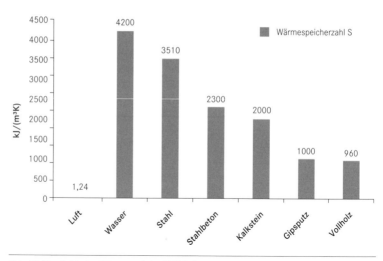

Abb. 18: Vergleich der Wärmespeicherfähigkeit verschiedener Stoffe und Materialien

aber auch Temperaturverluste, sodass an der Übergabestelle unter Umständen nicht mehr das ursprüngliche Temperaturniveau vorhanden ist. Es gilt daher, Leitungswege generell möglichst kurz zu halten und möglichst gut zu dämmen, um die genannten Verluste zu minimieren.

Wahl des Transportmediums Die Wahl des Transportmediums ist von entscheidender Bedeutung. Wasser und andere Flüssigkeiten können bei gleichem Volumen viele Male soviel Wärme speichern wie Luft. > Abb. 18

Unter Berücksichtigung der für Luft- und Wasserbeförderung erforderlichen elektrischen Ventilator- bzw. Pumpenleistung zeigt sich, dass der Energietransport über das Medium Wasser wesentlich effizienter ist als über Luft. Aus Sicht der erforderlichen Hilfsenergie für Wärme- oder Kältetransport sind also Wasser führende Systeme gegenüber reinen Luftsystemen zu bevorzugen. Luftgeführte Systeme können jedoch sinnvoll sein, wenn beispielsweise nur geringe Heiz- oder Kühllasten zu decken sind und eine Lüftungsanlage aus anderen Gründen ohnehin zum Einsatz kommt. > Kap. Temperierungssysteme, Wärme- und Kälteverteilung

Energiebereitstellung Bei der Bereitstellung ist zunächst die Frage des Energieträgers zu klären. Neben der Bedarfslage (Wärme, Kälte, Strom usw.) wird die Entscheidung vor allem auch durch die Verfügbarkeit beeinflusst. Bei fossilen Energieträgern betrifft dies im Wesentlichen die vorhandenen Anschlussmöglichkeiten (Gas, Strom, Fernwärme usw.), bei erneuerbaren Energien insbesondere die Nutzungsmöglichkeiten (Solarstrahlung,

Geothermie, Biomasse usw.). Unter Umständen sind auch Lagermöglich-
keiten (Öl, Holz usw.) zu berücksichtigen. > Kap. Temperierungssysteme, Energiebereitstellung

Neben der Verfügbarkeit eines Energieträgers ist das Lastprofil
(also die zeitliche Veränderung des Energiebedarfs) von entscheidender Bedeutung bei der Auswahl des Erzeugers: Der Bedarf kann durch
unterschiedliche klimatische Bedingungen oder Nutzungen je nach
Jahres- oder Tageszeit stark unterschiedlich sein. Solche Bedarfs-
schwankungen können maßgeblichen Einfluss auf die Gesamteffizienz
eines Systems haben.

In diesem Zusammenhang ist auch auf die Gleichzeitigkeit von
Energieangebot und -nachfrage und auf die eventuell daraus erforderlichen Speichermöglichkeiten zu achten: Eine Solaranlage zur Brauchwassererwärmung beispielsweise arbeitet nur bei Sonneneinstrahlung,
also bei Tage. Der Warmwasserbedarf eines Wohnhauses ist aber infolge des üblichen Nutzungsprofils morgens und abends wesentlich
größer als tagsüber. Die tagsüber gewonnene Wärme muss daher in
einem Speicher gepuffert werden, um zu den Hauptbedarfszeiten zur
Verfügung zu stehen.

Fossile und erneuerbare Energieträger

Während für die Luftbeförderung in einer mechanischen Lüftungsanlage im Wesentlichen Strom als Energieträger zum Einsatz kommt, stehen bei der Erzeugung von Wärme und Kälte häufig verschiedene Energieträger zur Auswahl, die ihre Aufgabe in unterschiedlichen Wärme- oder
Kälteerzeugern erfüllen können. Hierbei sind zunächst fossile Energieträger und erneuerbare Energien zu unterscheiden.

Fossile Energieträger (z. B. Erdöl, Erdgas und Kohle) sind über lange
Zeiträume durch biologische und physiologische Vorgänge im Erdinnern
und an der Erdoberfläche entstanden, sodass sie nicht in naher Zeit nach-
produziert werden können. Ihr Bestand auf der Erde kann also nicht
erneuert werden, die Vorräte sind endlich. Diese Energieträger basieren
auf Kohlenstoffdioxidverbindungen (CO_2), die bei der Verbrennung in die
Atmosphäre entweichen und als wesentliche Ursache für die globale
Erderwärmung gelten.

Fossile Energieträger

In der Vergangenheit ist die Energieversorgung von Gebäuden nahezu
ausschließlich durch die Nutzung fossiler Energieträger erfolgt, wes-
wegen die erforderliche Technik weit entwickelt ist und gute Wirkungsgrade aufweisen kann. Trotz dieser positiven Entwicklungen ist die
Energieversorgung von Gebäuden immer noch ein Hauptverursacher der
weltweiten CO_2-Emissionen, und die verstärkte Nutzung erneuerbarer
Energien ist dringend erforderlich.

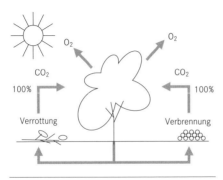

Abb. 19: CO$_2$-neutrale Verbrennung nachwachsender Rohstoffe

Erneuerbare Energien werden Energiequellen genannt, die nach menschlichen Maßstäben unerschöpflich und nachhaltig sind: Sie können ohne dauerhafte Auswirkungen auf die Umwelt gewonnen werden.

Als erneuerbare Energiequellen in diesem Sinne werden insbesondere Sonnenenergie (Solarstromerzeugung oder Solarthermie), Wasserkraft, Windenergie, Geothermie und Bioenergie (Biomasse wie z. B. Holz und Biogas wie z. B. Faulgase aus Kläranlagen) verstanden. Die Verbrennung von Biomasse und Biogas setzt zwar ebenfalls CO$_2$ in Verbrennungsprozessen in die Atmosphäre frei, doch ist dieses Kohlenstoffdioxid während des Pflanzenwachstums im Vorfeld aus der Atmosphäre gebunden worden und würde beim natürlichen Verrottungsprozess der Pflanze ohnehin wieder freigesetzt. Die Verbrennung biologischer Energieträger wird daher als CO$_2$-neutral bezeichnet. > Abb. 19

Entscheidend ist also nicht generell die Freisetzung von CO$_2$, sondern die Vermeidung von CO$_2$-Emissionen, die ohne den Verbrennungsprozess nicht entstanden wären und die Atmosphäre belastet hätten.

○ **Hinweis:** Der Begriff „nachhaltig" stammt ursprünglich aus der Forstwirtschaft und bezeichnet das Prinzip, in einem Gebiet nur so viele Bäume zu schlagen, wie im gleichen Gebiet in jedem Jahr nachwachsen. Allgemeiner formuliert, bedeutet der Begriff, ein natürliches System ausschließlich so zu nutzen, dass es in seinen wesentlichen Eigenschaften langfristig erhalten bleibt.

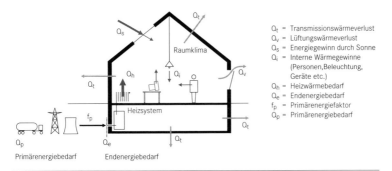

Abb. 20: Erweiterte Energiebilanz zur Deckung des Heizwärmebedarfs (Nutz-, End- und Primärenergie)

Auch die technischen Systeme für die Nutzung erneuerbarer Energien im Gebäudebereich haben in den letzten Jahren wesentliche Effizienzsteigerungen erlebt und gelten aufgrund mittlerweile langjähriger Erfahrungen als zuverlässig.

Umweltauswirkungen

Die Betrachtung des Gebäudeenergiebedarfs wurde lange Zeit nur auf den im Gebäude entstehenden Bedarf (z. B. Heizwärme) beschränkt. Zur Beurteilung der Umweltauswirkungen ist diese Betrachtungsweise jedoch nicht ausreichend, da einerseits die Anlagenverluste im Gebäude (z. B. Verluste im Heizkessel bei der Erwärmung des Heizwassers und Verluste beim Transport des Heizwassers vom Kessel zum Heizkörper) nicht berücksichtigt wurden. Andererseits geht auch auf dem Weg von der Energiegewinnung bis zur Anlieferung am Gebäude Energie verloren. Aus diesem Grund wird heute unterschieden zwischen dem Nutzenergiebedarf im Gebäude, dem Endenergiebedarf an der Gebäudegrenze und dem Primärenergiebedarf, der den Bedarf an natürlich vorkommenden Energieträgern beschreibt. > Abb. 20

Der erforderliche Aufwand für die Endenergiebereitstellung einschließlich der Vorketten (Materialvorleistungen und Hilfsenergien) für die Förderung, Aufbereitung, Umwandlung, den Transport und die Verteilung eines Energieträgers wird über den Primärenergiefaktor definiert. > Tab. 6

Die Stromproduktion erfolgt in der Regel auf verschiedene Weise, z. B. in Kohle-, Wasser- oder Atomkraftwerken. Abhängig von den Anteilen der zur Stromerzeugung genutzten fossilen und erneuerbaren Energieträger sowie der Kernkraft wird daher ein Primärenergiefaktor für den „StromMix" berücksichtigt, der von Land zu Land unterschiedlich sein

Primärenergiefaktoren

Tab. 6: Beispiel für Primärenergie- und CO_2-Emissionsfaktoren in Europa (unter Verwendung der DIN V 18599)

Energieträger		Primärenergie-faktoren (nicht erneuerbarer Anteil) [kWh_{Prim}/kWh_{End}]	CO_2-Emissions-faktoren (CO_2-Äquivalent) [g/kWh_{End}]
Brennstoffe	Heizöl EL	1,1	303
	Erdgas H	1,1	249
	Flüssiggas	1,1	263
	Steinkohle	1,1	439
	Braunkohle	1,2	452
	Holz	0,2	42
Nah-/Fernwärme (zu 70%) aus Kraft-Wärme-Kopplung	Fossiler Brennstoff	0,7	217
	Erneuerbarer Brennstoff	0,0	
Nah-/Fernwärme aus Heizwerken	Fossiler Brennstoff	1,3	408
	Erneuerbarer Brennstoff	0,1	
Strom	Allg. Strom-Mix	1,8[1]	432
Umweltenergie	Solarenergie, Umgebungswärme	0,0	

[1] Stand 2017. Infolge der Erhöhung des Anteils mit Hilfe erneuerbarer Energien erzeugten Stroms wird dieser Faktor in Zukunft weiter sinken.

kann, sodass die Nutzung von Strom günstiger oder ungünstiger bewertet werden kann.

CO_2-Emissions-faktoren

g/kWh_{End}

Ähnlich den Primärenergiefaktoren wurden CO_2-Emissionsfaktoren ermittelt, welche die Menge emittierter Treibhausgase (in Gramm) je verbrauchter kWh Endenergie beziffern. Die Einheit hierfür ist g/kWh_{End}. Dabei werden nicht nur CO_2-Emissionen selbst, sondern auch andere Schadstoffe berücksichtigt und gemäß ihrer Auswirkung auf den Treibhauseffekt zu einem „CO_2-Äquivalent" zusammengefasst. > Tab. 6 Durch

○ **Hinweis:** Die Einheit des Primärenergiefaktors ist [kWh_{Prim}/kWh_{End}]. Der Faktor gibt also an, wie viele kWh Primärenergie (also welche Menge eines bestimmten Energieträgers, z. B. Kohle) für die Bereitstellung einer kWh Endenergie (z. B. Strom oder Wärme) erforderlich sind.

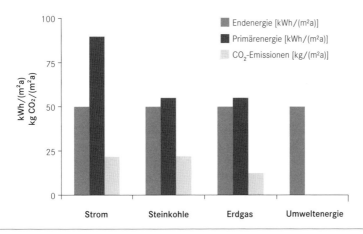

Abb. 21: Beispiel des Primärenergiebedarfes und der CO_2-äquivalenten Emissionen eines Gebäudes (Endenergiebedarf 50 kWh/(m²a)) bei Einsatz verschiedener Energieträger

Multiplikation dieser Faktoren mit dem Energiebedarf eines Gebäudes können die Auswirkungen der Gebäudeenergieversorgung auf die globale Erderwärmung ermittelt werden.

Abbildung 21 zeigt beispielhaft die Auswirkungen der Energieträgerwahl auf den Primärenergiebedarf und die CO_2-äquivalenten Emissionen eines Gebäudes.

Wie Abbildung 21 zeigt, ist zur Deckung eines Endenergiebedarfes von 50 kWh pro Quadratmeter Wohnfläche und Jahr beim Einsatz von Strom fast die doppelte Menge Primärenergie wie bei Verwendung von Umweltenergie erforderlich. Bei Gas oder Kohle ist es nur die 1,1-fache Menge, also 10% mehr. Umweltenergie hingegen ist fast primärenergieneutral. Ähnliches gilt für die CO_2-Emissionen.

Im Rahmen der lokalen Möglichkeiten sollte der Verbrauch von Strom und fossilen Energieträgern daher so weit wie möglich vermieden werden.

Lüftungssysteme

Wie bei der Erörterung der Behaglichkeitsanforderungen gesehen, sind insbesondere Faktoren wie die Lufttemperatur, die Luftgeschwindigkeit, die Luftfeuchte und die Luftreinheit bzw. Luftzusammensetzung maßgebend für das Behaglichkeitsempfinden im Raum. Diese Faktoren werden durch die Lüftung stark beeinflusst, wodurch dem Lüftungssystem eines Gebäudes eine besondere Bedeutung zukommt.

Die Hauptaufgabe der Lüftung besteht darin, die mit Gerüchen, Wasserdampf, Kohlendioxid und eventuell mit Schadstoffen angereicherte Luft aus Räumen abzuführen, durch frische Atemluft zu ersetzen und darüber hinaus eine gute und gleichmäßige thermische Umgebung im Raum zu erzeugen bzw. zu erhalten.

In der Raumlufttechnik wird grundsätzlich zwischen der <u>natürlichen (freien) Lüftung</u> und der <u>mechanischen Lüftung</u> unterschieden. Die Grenzen zwischen freier und mechanischer Lüftung (z. B. raumlufttechnische Anlagen, auch RLT-Anlagen genannt, bis hin zu Klimaanlagen) sind fließend und in der Praxis sowie im Sprachgebrauch nicht immer eindeutig. Eine mögliche Einteilung von Lüftungssystemen zeigt Abbildung 22.

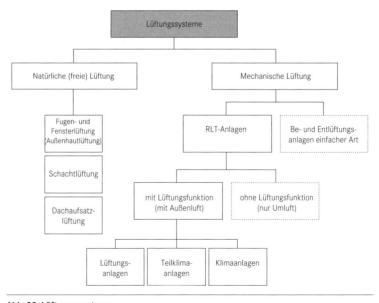

Abb. 22: Lüftungssysteme

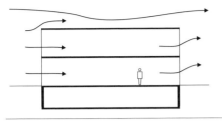

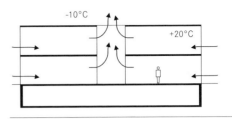

Abb. 23: Lüftung durch Wind

Abb. 24: Lüftung durch Thermik

NATÜRLICHE LÜFTUNG

Bei der natürlichen (freien) Lüftung entsteht die Luftbewegung im Raum ausschließlich durch Druckunterschiede am und im Gebäude, die durch Wind > Abb. 23 oder Temperaturunterschiede (Thermik) > Abb. 24 verursacht werden.

Wie in Abbildung 22 dargestellt, wird die natürliche Lüftung in drei Kategorien eingeteilt:
— Fugen- und Fensterlüftung (Außenhautlüftung)
— Schachtlüftung
— Dachaufsatzlüftung

Der geförderte Luftvolumenstrom hängt jeweils stark von der Witterung, der Temperatur im Raum sowie der Anordnung, der strömungsgerechten Ausbildung und Größe der Lüftungsöffnungen ab.

Fugenlüftung

Der Begriff Fugenlüftung bezeichnet den Luftwechsel, der durch Undichtigkeiten im Gebäude, vorwiegend durch Fenster- und Türfugen, verursacht wird. Diese Art von Lüftung bringt eine Reihe von Problemen mit sich.

Bei windstiller Lage und geringen Temperaturunterschieden kann der hygienisch erforderliche Luftwechsel nicht mehr gewährleistet sein. Darüber hinaus ist die Fugenlüftung durch den Nutzer in der Regel nicht beeinflussbar, und durch unkontrollierte dauerhafte Lüftung entstehen erhöhte Wärmeverluste, die sogar zu schwerwiegenden Bauschäden führen können. Um dies zu vermeiden und einen an den Bedarf angepassten Luftwechsel zu ermöglichen, muss die Außenhaut von energiesparenden Gebäuden, einschließlich der Fenster, so dicht wie möglich sein und darf keine unkontrollierten Fugen aufweisen. Der Außenluftbedarf muss also anders gedeckt werden.

Art der Fensterlüftung	Luftwechsel
Fenster, Türen geschlossen (nur Fugenlüftung)	0 bis 0,5/h
Einseitige Lüftung, Fenster gekippt, keine Rollläden	0,8 bis 4,0/h
Einseitige Lüftung, Fenster halb offen	5 bis 10/h
Einseitige Lüftung, Fenster ganz offen[1] (Stoßlüftung)	9 bis 15/h
Querlüftung (Stoßlüftung über gegenüberliegende Fenster und Türen)	bis 45/h

[1] Ein einfacher Luftwechsel ist bereits nach 4 Minuten Stoßlüftung erreicht.

Fensterlüftung

Üblicherweise erfolgt die natürliche Lüftung von Gebäuden oder Räumen durch Fenster oder sonstige regulierbare Öffnungen (z. B. Klappen), die entweder bei Bedarf kurzfristig (Stoßlüftung) oder über einen längeren Zeitraum hinweg geöffnet gehalten werden (Dauerlüftung). Bei den meisten Gebäuden ist auf diese Weise im größten Teil des Jahres die Lüftung eines Raumes auf behagliche Weise möglich.

Im Winter und im Hochsommer ist die Fensterlüftung je nach Klimazone aufgrund der hohen Wärmeverluste bzw. Wärmelasten problematisch und nur für die kurzzeitige Stoßlüftung geeignet.

Fensterarten
Für eine gute Lüftungsfunktion sind Schiebe- und Schwingflügelfenster besser geeignet als Kippflügel, da bei ihnen Zu- und Abluftquerschnitt gleich groß und beliebig einstellbar sind. > Abb. 25

Strömungs-verhältnisse
Die Strömungsverhältnisse bei der Fensterlüftung unterscheiden sich im Winter und Sommer nach der Temperaturdifferenz zwischen Innen- und Außenraum. > Abb. 26

Querlüftung
Über öffenbare Fenster in nur einer Außenwand ist nur ein einseitiger Luftaustausch möglich. Idealerweise erfolgt die Lüftung daher durch Querlüftung, also über gegenüberliegende Fenster. In Wohnungen sollte daher eine ausreichende Querlüftung, zumindest aber eine Lüftung übereck gewährleistet sein. > Abb. 27

Luftwechselzahlen
Auf diese Art und Weise sind durch Fenster- oder Fugenlüftung die in Tabelle 7 aufgeführten und als grobe Anhaltswerte zu verstehenden Luftwechselzahlen zu erreichen.

Die durch Fenster- oder Fugenlüftung zu erwartenden Luftwechselraten schwanken sehr stark in Abhängigkeit von den auftretenden Windgeschwindigkeiten und der Gebäudegeometrie. Der Größe von natürlich belüfteten Räumen oder Gebäuden sind daher Grenzen gesetzt. So sollte bei einseitiger Fensterlüftung und einer lichten Raumhöhe von bis zu 4 m die Raumtiefe nicht mehr als das 2,5-fache der Raumhöhe betragen, bei Querlüftung nicht mehr als das 5-fache. > Abb. 28

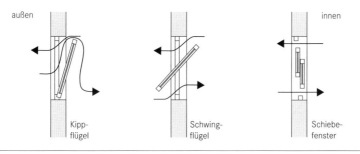

außen · innen

Kipp-
flügel

Schwing-
flügel

Schiebe-
fenster

Abb. 25: Fensterarten

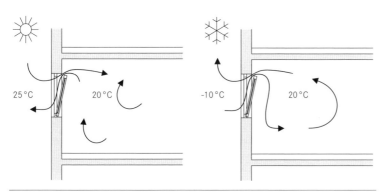

25 °C · 20 °C · -10 °C · 20 °C

Abb. 26: Strömungsverhältnisse bei Fensterlüftung (Sommer und Winter)

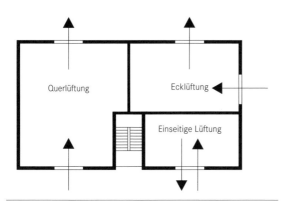

Querlüftung

Ecklüftung

Einseitige Lüftung

Abb. 27: Luftführung im Grundriss

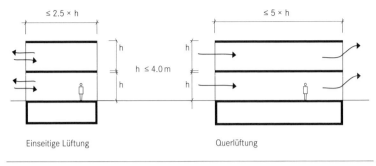

Einseitige Lüftung   Querlüftung

Abb. 28: Maximale Raumtiefen bei Fensterlüftung

Einen Überblick über entsprechende Richtgrößen für die Planung von natürlichen Lüftungssystemen liefert Tabelle 8.

Nutzerverhalten

Darüber hinaus hängt der Luftwechsel, der durch Fensterlüftung erreicht werden kann, auch stark vom Nutzerverhalten ab. Zwar ist es durchaus von Vorteil, dass der Nutzer die Luftzufuhr direkt beeinflussen kann, aber oft wird in der Praxis zu viel oder zu wenig gelüftet. Ein kontrollierter Luftwechsel lässt sich also durch eine nutzergesteuerte Fensterlüftung nicht erreichen.

■ **Tipp:** Die Planung von Atrien bietet die Möglichkeit, auch Räume von tiefen Gebäuden mit Licht und Luft zu versorgen. Außerdem wirken sie im Sinne einer natürlichen Lüftung wie ein Schornstein: Die erwärmte Luft steigt auf und entweicht über Öffnungen im Dach. Dabei wird die verbrauchte Luft durch den sich ergebenden Unterdruck aus den angrenzenden Räumen abgezogen. Falls das Atrium mit Glas überdacht sein sollte, ist zur Vermeidung von Wärmestau im Sommer für genug vertikale Abluftöffnungen zu sorgen (siehe Abb. 29).

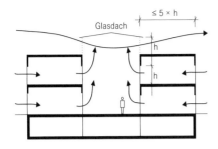

Abb. 29: Atriumlüftung

Tab. 8: Richtgrößen für Raumtiefen und Lüftungsquerschnitte (nach deutscher Arbeitsstättenrichtlinie)

System	Lichte Raumhöhe (h)	Raumtiefe maximal	Jeweils Zu- und Abluftquerschnitt in cm² je m² Bodenfläche
Einseitige Lüftung	bis 4,0 m	2,5 × h	200
Querlüftung	bis 4,0 m	5,0 × h	120
Querlüftung mit Dach- aufsätzen und Öffnungen in einer Außenwand oder in zwei gegenüberliegenden Außenwänden	über 4,0 m	5,0 × h	80

Schachtlüftung

Eine weitere Form der natürlichen Lüftung ist die Schachtlüftung. Sie beruht sowohl auf dem Prinzip des thermischen Auftriebs, > Abb. 24, Seite 39 also eines Temperaturgefälles zwischen Raumluft und Außenluft am oberen Ende des Schachtes, als auch auf der Sogwirkung des den Schachtkopf tangierenden Windes. > Abb. 30

Entfallen diese Voraussetzungen, z. B. bei gleichen Außen- und Innentemperaturen im Sommer sowie bei Windstille, ist diese Art der

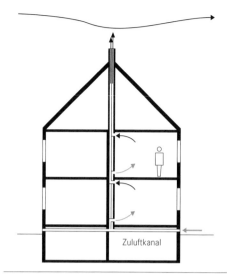

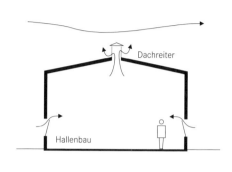

Abb. 30: Schachtlüftung

Abb. 31: Dachaufsatzlüftung mit Dachreiter

Lüftung ohne Ventilator aber wirkungslos. Schachtlüftung ist deshalb nur für Räume geeignet, bei denen in erster Linie Wasserdampf abzuführen ist (z. B. Badezimmer und Waschküche). Dieser kann über Putzflächen kurzfristig aufgenommen und bei ausreichendem Auftrieb wieder freigesetzt werden. Wichtig ist, dass jeder zu belüftende Raum einen eigenen Schacht erhält, damit jederzeit ausreichend Luft nachströmen kann und Geruchsbelästigungen aus anderen Räumen ausgeschlossen werden können.

Dachaufsatzlüftung

Unter Dachaufsatzlüftung versteht man die Form der natürlichen Lüftung, die sich durch Aufsätze wie Dachreiter, Dachlaternen und sonstige Entlüftungsöffnungen im Dach von Gebäuden einstellt. > Abb. 31

Die Lüftungsfunktion beruht, wie bei der Schachtlüftung, in erster Linie auf dem thermischen Auftrieb durch Temperaturunterschiede zwischen Innen- und Außenraum. Dachaufsatzlüftungen kommen vor allem bei hohen Räumen mit einer lichten Raumhöhe ab ca. 4 m, > Tab. 8 also insbesondere bei (Industrie-) Hallen, zur Anwendung. Die Dachaufsatzlüftung erzeugt keine Betriebskosten, verursacht aber im Winter hohe Wärmeverluste. Heute verwendet man daher in diesen Fällen mechanische Lüfter mit Wärmerückgewinnung.

MECHANISCHE LÜFTUNG

Zur mechanischen Lüftung zählen sowohl Be- und Entlüftungsanlagen einfacher Art (z. B. Schachtlüftungen mit Ventilator oder Außenwandlüfter) als auch Raumlufttechnische (RLT)-Anlagen, welche die Luft meist zentral maschinell aufbereiten und über Luftverteilsysteme (Luftkanäle, Schächte) den Räumen zur Verfügung stellen. > Abb. 22, Seite 38

RLT-Anlagen

Raumlufttechnische Anlagen gibt es mit und ohne Lüftungsfunktion. Anlagen ohne Lüftungsfunktion sind Systeme, die im reinen Umluftbetrieb arbeiten, ohne dass eine Lufterneuerung stattfindet. Sie kommen hauptsächlich bei der industriellen Fertigung zum Einsatz und werden hier nicht weiter betrachtet.

Raumlufttechnische Anlagen mit Lüftungsfunktion haben die Erneuerung der Raumluft und deren Filterung zur Aufgabe. Sie arbeiten stets mit einem Außenluftanteil und einer Abluft- oder Fortlufteinrichtung, sodass die Raumluft ständig erneuert werden kann. Wird die Raumluft nicht durch Geruchs- oder Schadstoffe belastet, kann ein Teil der Abluft als Umluft in einer Mischkammer der Außenluft beigemischt werden. Zusätzlich können thermodynamische Luftbehandlungsfunktionen wie Heizen, Kühlen, Be- und Entfeuchten übernommen werden. Dabei wird je nach Behandlung der Zuluft unterschieden:

— Lüftungsanlagen haben keine oder nur eine thermodynamische Luftbehandlungsfunktion (z. B. nur Heizen)
— Teilklimaanlagen haben zwei oder drei thermodynamische Luftbehandlungsfunktionen (z. B. Heizen und Kühlen oder Heizen, Kühlen und Entfeuchten)
— Klimaanlagen haben alle vier thermodynamischen Luftbehandlungsfunktionen (Heizen, Kühlen, Be- und Entfeuchten)

Zentrale RLT-Anlagen erfordern immer Geräte zur Luftaufbereitung, welche ab einer bestimmten Größe in eigenen Räumen (RLT-Zentralen) untergebracht werden müssen. In Abhängigkeit der zu erwartenden Nutzung, des Außenklimas und des angestrebten Raumklimas ist zu-

RTL-Anlagen
mit Lüftungsfunktion

RTL-Zentralen

○ **Hinweis:** Wärmerückgewinnungseinrichtungen entziehen der Abluft Wärmeenergie und führen diese der zur Belüftung eingebrachten Außenluft wieder zu. Damit kann wertvolle Heiz- und Kühlenergie einspart werden, die sonst zur Temperierung der Zuluft erforderlich wäre.

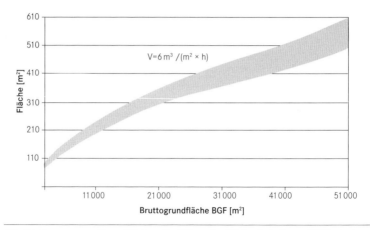

Abb. 32: Diagramm zur überschlägigen Ermittlung des Flächenbedarfs von RLT-Zentralen in Verwaltungsgebäuden bei in Großraumbüros üblichem Außenluftvolumenstrom (nach VDI 2050 Blatt 1)

nächst der Bedarf an zuzuführender Außenluft zu ermitteln. > Kap. Entwurfsprinzipien, Bedarfsermittlung

Ist der erforderliche (Außen-)Luftvolumenstrom $\dot{V}$ bekannt (> Tab. 3, Seite 20), kann der Platzbedarf für eine RLT-Zentrale anhand der VDI Richtlinie 2050 überschlägig ermittelt werden. > Abb. 32

Verteilung

Erfolgt die Luftaufbereitung zentral, muss die Verteilung der Luft im Gebäude über Kanäle vorgenommen werden, vertikal meist in Schächten sowie horizontal im Deckenbereich. Auch hierfür ist der erforderliche Platz bei der Planung zu berücksichtigen.

Die Form eines Lüftungskanals wird durch die Strömungseigenschaften und den vorhandenen Platz bestimmt. Runde Querschnitte sind preiswert und strömungsgünstig, benötigen aber mehr Platz als recht-

O
Gestaltung und
Platzbedarf von
Lüftungskanälen

○ **Hinweis:** Alternativ zur zentralen Luftaufbereitung können über dezentrale Lüftungssysteme die Schacht- und Kanalflächen minimiert werden. Mit dezentralen Lüftungsgeräten kann jeder Raum nicht nur direkt mit der notwendigen Außenluft versorgt werden, sondern auch durch Kühlung oder Erwärmung der Zuluft den individuellen Bedürfnissen entsprechend temperiert werden (siehe Kap. Temperierungssysteme, Wärme- und Kälteverteilung).

○ **Hinweis:** Eine Zu- und Abluftanlage erfordert jeweils einen separaten Zu- und Abluftkanal. Dies muss bei der Platzvorhaltung berücksichtigt werden. Dabei sollte jedoch vermieden werden, dass sich Zu- und Abluft- leitungen kreuzen und abgehängte Decken zwei Leitun- gen übereinander aufnehmen müssen, denn dadurch kann sich die lichte Höhe eines Raumes unter Umstän- den erheblich reduzieren, und dies kann zur Einhaltung erforderlicher Mindestraumhöhen höhere Baukosten verursachen.

eckige Querschnitte. Letztere werden deshalb häufiger verwendet und sind in Seitenverhältnissen von 1 : 1 (quadratisch) bis maximal 1 : 10 (flach rechteckig) verfügbar. Um die Druckverluste und den entstehenden Luftschall möglichst zu minimieren, sollten abrupte Richtungswechsel der Kanäle vermieden werden. Darüber hinaus wird auch durch schwere Kanäle sowie große Querschnitte mit niedriger Luftgeschwindigkeit der Luftschall reduziert.

In Zuluftkanälen wird die Luft üblicherweise mit Geschwindigkeiten von v = 3–5 m/s transportiert (und z. B. im Wohnungsbau mit v = 1,5 m/s oft noch darunter). Aufgrund dieser Annahmen und den vorher berechneten Luftmengen kann so der erforderliche Kanalquerschnitt überschlägig nach folgender Formel berechnet werden:

$$A = \frac{\dot{V}}{v \times 3600}\ [m^2]$$

Dabei ist: A: Kanalquerschnitt in m²; $\dot{V}$: Luftvolumenstrom (Luftmenge) in m²/h; v: Luftgeschwindigkeit im Kanal in m/s (= 3600 × m/h).

Aus Schallschutzgründen, zur Minimierung von Wärmeverlusten im Heizbetrieb sowie zur Vermeidung von Kondenswasserbildung im Kühlbetrieb müssen Luftkanäle gedämmt werden. Hierbei ist eine Dämmstärke von ca. 5 cm üblich. Dies ist bei der Schachtdimensionierung zusätzlich zu berücksichtigen. Hinzu kommt noch 5–10 cm Montagespielraum rund um den Kanal. > Abb. 33

Darüber hinaus müssen bei der Planung von Luftkanalnetzen besondere Maßnahmen für den Brand- oder Schallschutz berücksichtigt werden, da Lüftungskanäle oft Brandabschnitte oder Nutzungseinheiten

Dämmung
●

○
Brand- und
Schallschutz

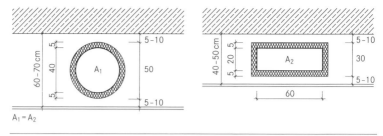

Abb. 33: Platzbedarf unterschiedlicher Kanalformen bei gleicher Querschnittsfläche

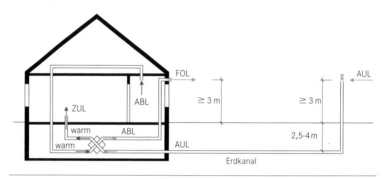

Abb. 34: Zu- und Abluftanlage mit Wärmerückgewinnung und Erdkanal

verbinden müssen. Entsprechende Brandschutzklappen oder Schalldämpfer sind mit größeren Außenabmessungen als der eigentliche Kanal einzuplanen und müssen gegebenenfalls zu Wartungszwecken zugänglich sein.

Fortluft- und Außenluftkanäle
Außenluftansaugöffnungen und Fortluftaustrittsöffnungen sollten mit einem Regen-, Vogel- und Insektenschutz versehen werden und mindestens 3 m über der Erdoberfläche liegen. > Abb. 34 Die Luftansaugung über einen in ca. 2,5–4 m Tiefe verlegten Erdkanal stellt eine effektive Maßnahme zur Energieeinsparung dar, da durch die ausgeglichene Temperatur des Erdreichs die Außenluft im Sommer vorgekühlt und im Winter vorgewärmt wird. > Kap. Temperierungssysteme, Energiebereitstellung

Wärmerückgewinnung
Ebenso lässt sich die in der Abluft vorhandene Wärme durch Wärmerückgewinnung über einen Wärmetauscher der Frischluft wieder zufügen. Im Wärmetauscher kreuzen sich warme Ab- und kalte Zuluft ohne eine Vermischung der beiden Luftströme, sodass ein Schadstoffübertrag verhindert wird. Der Wirkungsgrad liegt je nach Wärmetauschertyp bei bis zu 90 %. > Abb. 34

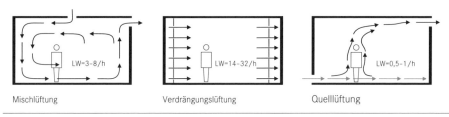

| Mischlüftung | Verdrängungslüftung | Quelllüftung |

LW=3-8/h   LW=14-32/h   LW=0,5-1/h

Abb. 35: Luftführung im Raum und erreichbare Luftwechselraten (LW)

Luftführung im Raum

Entscheidend für den Komfort im Raum ist die Art und Weise, wie die aufbereitete Luft verteilt wird. Grundsätzlich sind drei Arten der Luftführung zu unterscheiden: > Abb. 35

— Mischlüftung
— Verdrängungslüftung
— Quelllüftung

Die Mischlüftung ist die typische Raumströmung. Die Zuluft wird im Decken- oder Wandbereich mit relativ hoher Geschwindigkeit eingeblasen und vermischt sich mit der ruhenden Raumluft. Mischlüftung

Die Verdrängungslüftung ist eine Raumlufttechnik für Sonderzwecke. Verdrängungslüftung Hierbei wird die Zuluft über eine gesamte Wand- oder Deckenfläche eingeführt und auf der gegenüberliegenden Seite abgeführt. Typische Anwendungen sind Operationssäle und Reinräume, da sich durch die Art der Lüftung Zuluft und Raumluft nicht vermischen und so extrem reine Umgebungsbedingungen geschaffen werden können.

Als besonders energiesparende und komfortable Lüftungsart ist die Quelllüftung Quelllüftung hervorzuheben. Dabei wird Luft mit 2–3 K Untertemperatur und niedriger Luftgeschwindigkeit (< 0,2 m/s) in Bodennähe dem Raum zugeführt. Auf diese Weise verteilt sich die Luft am Boden des Raums und bildet einen „Frischluftsee". Durch Wärmequellen im Raum wie Personen oder Computer steigt die Frischluft infolge des thermischen Auftriebs nach oben und versorgt jede Person mit ausreichend Frischluft. Der Luftwechsel kann so auf das hygienisch erforderliche Minimum (LW 0,5–1,0/h) reduziert und der Energiebedarf gesenkt werden. Die Quelllüftung funktioniert unabhängig von Raumtiefe und Volumen eines Gebäudes und kann daher bei sehr tiefen Gebäuden und Hallen mit hohem Luftbedarf und geringer Kühllast (bis ca. 35 W/m^2), z. B. in Theatern oder Sporthallen, aber auch in Büroräumen eingesetzt werden.

SYSTEMFINDUNG

Jedes Lüftungssystem ist mit einer Reihe von Vor- und Nachteilen verbunden. > Tab. 9 Grundsätzlich ist es so zu wählen, dass die der Nutzung entsprechende Frischluftmenge dem Gebäude oder Raum möglichst energieeffizient und mit hohem Komfort zugeführt werden kann.

Wenn möglich, sollte der natürlichen Lüftung der Vorzug gegeben werden, da der Einsatz einer mechanischen Lüftung fast immer mit höheren Bau- und Betriebskosten verbunden ist. Hinzu kommen der erhöhte Platzbedarf für die Geräte und Luftkanäle zur Luftverteilung im Gebäude bzw. Raum sowie Maßnahmen zum Brand- und Schallschutz. Dem steht allerdings häufig ein höherer Nutzwert durch ein behaglicheres Raumklima sowie die Möglichkeit der Wärmerückgewinnung entgegen.

Gründe für den Einsatz einer mechanischen Lüftung

Die Installation einer mechanischen Lüftung sollte nur erfolgen, wenn funktionelle (bauliche und nutzungsbedingte) Gründe dies erforderlich machen oder insgesamt Energieeinsparungen zu erwarten sind:

Tab. 9: Eigenschaften von Lüftungssystemen

	Vorteile	Nachteile
Natürliche Lüftung	Keine Energie für Antrieb und Luftaufbereitung notwendig	Wirksamkeit abhängig von den klimatischen Randbedingungen (Windgeschwindigkeit und Temperaturen)
	Reduktion des umbauten Raums (keine Luftkanäle, Zentralen usw.)	Funktion abhängig von Gebäudestruktur und Raumtiefen
	Geringer Investitions- und Wartungsaufwand	Hohe Wärmeverluste im Winter
	Optimaler Außenbezug (bei Fensterlüftung)	Wärmerückgewinnung nicht oder nur schwer zu realisieren
	Hohe Nutzerakzeptanz	
Mechanische Lüftung	Gute Regelbarkeit	Hohe Investitions-, Betriebs- und Wartungskosten
	Wärmerückgewinnung möglich	Erhöhter Platzbedarf für Geräte und Luftleitungen
	Geeignet für alle thermodynamischen Luftbehandlungsfunktionen (Heizen, Kühlen, Be- und Entfeuchten)	Geringe Nutzerakzeptanz, insbesondere bei fehlender Regelungsmöglichkeit durch den Nutzer
	Filtereinsatz bei Luftverunreinigungen möglich	

- Fensterlose oder innenliegenden Räumen erfordern eine Außenluftzufuhr.
- Die Installation ist bei Gebäuden ab einer Höhe von ca. 40 Metern geboten, denn bei diesen könnten starke Zugerscheinungen bei geöffnetem Fenster infolge von Winddruck oder Thermik auftreten. Diese würden den Aufenthalt in den oberen Geschossen unmöglich machen, wenn nicht durch konstruktive Maßnahmen wie Doppelfassaden gegengesteuert wird.
- Gebäude in Gegenden mit starker Geruchs- oder Geräuschbelastung oder Abgasemissionen machen den Einbau sinnvoll.
- Räume mit großen Raumtiefen, bei denen eine ausreichende Lufterneuerung durch freie Lüftung nicht mehr sichergestellt werden kann, erfordern eine mechanische Lüftung. > Abb. 28, Seite 42
- Bei Theatern, Kinos und anderen Versammlungsstätten ist wegen nicht vorhandener oder nur verhältnismäßig geringer Fensterflächen – verbunden mit hoher Personenbelegung – eine natürliche Lüftung nicht möglich.
- Räume mit vorgeschriebenen Raumluftzuständen bezüglich Keimpegel, Temperatur, Feuchte usw., z. B. Operationsräume, Museen oder besondere Produktionsstätten (Mikroprozessoren usw.), machen eine mechanische Lüftung notwendig.
- Räume mit hohen thermischen Lasten (z. B. Rechenzentren), bei denen eine Kühlung erforderlich ist, machen eine Installation sinnvoll.
- Wie erwähnt kann eine mechanische Lüftung als Maßnahme zur Energieeinsparung sinnvoll sein. Lüftungsanlagen, insbesondere mit Wärmerückgewinnung, reduzieren die Lüftungswärmeverluste und sind vor allem bei Passivhäusern unverzichtbarer Bestandteil des Energiekonzepts.

Temperierungssysteme

Aufgabe eines aktiven Temperierungssystems ist es, unter Verwendung eines Energieträgers die für die Schaffung eines behaglichen Raumklimas eventuell zusätzlich notwendige Wärme oder Kälte möglichst energieeffizient zu erzeugen und einem Raum zuzuführen. > Kap. Entwurfsprinzipien, Behaglichkeitsanforderungen

Ein solches Temperierungssystem besteht in seiner Gesamtheit aus dem Energieträger, einem technischen System zur Wärme- oder Kälteerzeugung, eventuell einer Speicherung, der Verteilung und der Übergabe – verbunden mit bedarfsgerechter Regelung und dem zu temperierenden Objekt (Gebäude oder Raum). > Abb. 36

Alle Elemente eines aktiven Temperierungssystems müssen zueinander passen, damit das System den Leistungsbedarf > Kap. Entwurfsprinzipien, Bedarfsermittlung des Gebäudes jederzeit auf effiziente Weise decken kann.

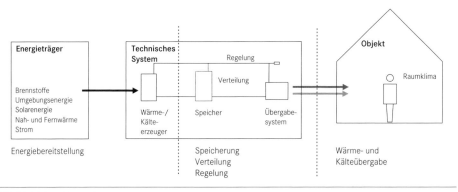

Abb. 36: Aktives Temperierungssystem

○ **Hinweis:** Die Leitung, in der das Wasser vom Erzeuger zum Übergabesystem fließt, wird „Vorlauf" genannt, die rückführende Leitung „Rücklauf". Die in diesen Leitungen herrschenden Temperaturen sind eine wichtige Kenngröße für die Kombinationsfähigkeit von Wärme- bzw. Kälteerzeugern mit Übergabesystemen.

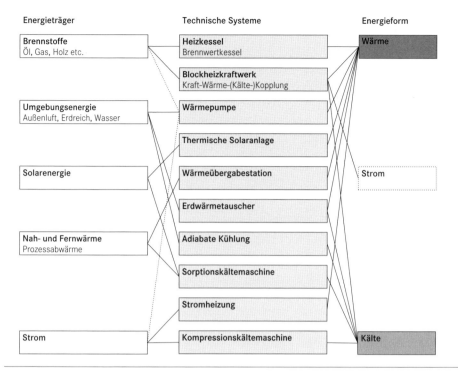

Energieträger	Technische Systeme	Energieform
Brennstoffe Öl, Gas, Holz etc.	Heizkessel Brennwertkessel	Wärme
	Blockheizkraftwerk Kraft-Wärme-(Kälte-)Kopplung	
Umgebungsenergie Außenluft, Erdreich, Wasser	Wärmepumpe	
	Thermische Solaranlage	
Solarenergie	Wärmeübergabestation	Strom
	Erdwärmetauscher	
Nah- und Fernwärme Prozessabwärme	Adiabate Kühlung	
	Sorptionskältemaschine	
	Stromheizung	
Strom	Kompressionskältemaschine	Kälte

Abb. 37: Energieträger und geeignete Systeme zur Energiebereitstellung (Auswahl)

ENERGIEBEREITSTELLUNG

Die Bereitstellung von Wärme und Kälte im Gebäude ist abhängig von den verfügbaren Energieträgern. Abbildung 37 zeigt Kombinationsmöglichkeiten verschiedener Energieträger mit ausgewählten Systemen zur Energiebereitstellung.

Brennstoffe

Die Nutzung fossiler Brennstoffe wie Erdöl, Erdgas oder Kohle dient im Bereich der Raumkonditionierung vor allem der Wärmeerzeugung.

Aufgrund der Umweltauswirkungen (Primärenergie und CO_2-Emissionen) ist die Verbrennung von fossilen Energieträgern allerdings kritisch zu bewerten. CO_2-neutrale Brennstoffe sind zu bevorzugen. > Kap. Entwurfsprinzipien, Bedarfsdeckung

Weltweit wird die Wärmeversorgung von Gebäuden überwiegend durch die Verbrennung von Brennstoffen in zentralen Heizkesseln sichergestellt. Die dabei freigesetzte Wärme wird über einen Wärmetauscher an einen Wärmeträger, meist Wasser, abgegeben und im Gebäude verteilt (Gebäudezentralheizung). Heizkessel

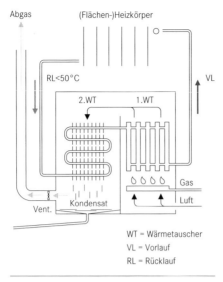

Abgas (Flächen-)Heizkörper

RL<50°C   VL

2.WT   1.WT

Gas
Kondensat   Luft
Vent.

WT = Wärmetauscher
VL = Vorlauf
RL = Rücklauf

Abb. 38: Prinzip Brennwertkessel

Brennwertkessel   Der effizienteste Heizkessel ist der sogenannte Brennwertkessel, der den Abgasen zusätzlich Wärme entzieht und dadurch hohe Wirkungsgrade erzielen kann. Als Brennstoff kommen vor allem Gas oder Öl in Frage, mittlerweile gibt es aber auch Systeme, die den Betrieb mit Holzpellets (in Stäbchenform gepresstes Brennmaterial aus Holz) als Brennstoff erlauben. > Abb. 38 Brennwertkessel sind wegen der erforderlichen niedrigen Rücklauftemperaturen des Heizwassers am besten mit Flächenheizungen zu kombinieren.

○ **Hinweis:** Brennwertkessel eignen sich aufgrund der niedrigen Systemtemperatur auch gut zur Ergänzung durch thermische Solaranlagen. Aufgrund der niedrigen Abgastemperatur erfordert der Schornstein für die Abgase eines Brennwertkessels meist ein kondensatbeständiges Innenrohr und ein Gebläse, da die thermische Auftriebwirkung zu schwach ist.

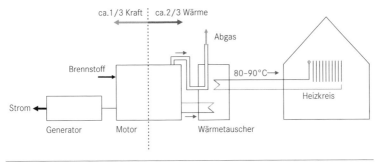

Abb. 39: Prinzip der Kraft-Wärme-Kopplung mit BHKW

Neben der Verbrennung von fossilen oder biologischen Brennstoffen zur Wärmeerzeugung kann auch die bei anderen Vorgängen anfallende Wärme für Gebäude verwendet werden. Ein wichtiges Beispiel ist die Nutzung der bei der Stromerzeugung anfallenden Wärme.

Stromerzeugung erfolgt in den meisten Fällen wie die Wärmeerzeugung durch Verbrennungsprozesse, die heiße Abgase produzieren. Durch die Übergabe dieser Abwärme z. B. an ein Wassersystem werden aus dem Verbrennungsprozess zwei Energieformen gewonnen: Strom (Kraft) und Wärme. Man spricht daher von „Kraft-Wärme-Kopplung" (KWK). Bezogen auf die Menge des eingesetzten Brennstoffes lassen sich sehr gute Wirkungsgrade erzielen, da ein Großteil der im Brennstoff enthaltenen Energie nutzbar gemacht wird.

Das KWK-Prinzip kann sowohl in großen Heizkraftwerken als auch in mittleren (z. B. Versorgung einer Wohnsiedlung) oder kleinen Stromerzeugern (z. B. Versorgung eines einzelnen Gebäudes) angewandt werden. Die mittleren oder kleinen Strom- und Wärmeerzeuger werden Blockheizkraftwerke (BHKW) genannt und liefern Wärme meist in Form von warmem Wasser mit Temperaturen von 80–90 °C. > Abb. 39 Als Brennstoffe kommen vor allem Erdgas und leichtes Heizöl, aber auch Biogas und Biobrennstoffe (z. B. Rapsöl) zum Einsatz.

Die bei der KWK gewonnene Wärme kann wie solar erzeugte Wärme > siehe unten: Solarenergie mit Hilfe von Sorptionskältemaschinen zur Kühlung eingesetzt werden. Man spricht dann von „Kraft-Wärme-Kälte-Kopplung" (KWKK).

Umgebungsenergie

Es gibt verschiedene Möglichkeiten, das Energiepotenzial einer Gebäudeumgebung zum Kühlen oder Heizen zu nutzen. Neben dem Temperaturniveau der Außenluft oder der Raumabluft werden insbesondere die relativ konstanten Temperaturen in unterschiedlichen Tiefen des

Kraft-Wärme-
Kopplung/
Blockheizkraftwerke

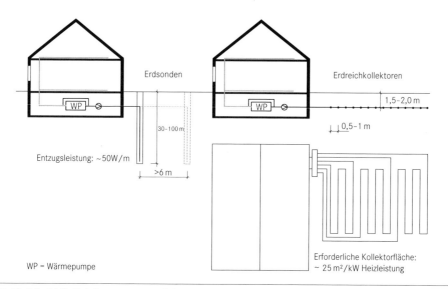

Erdsonden

Erdreichkollektoren

1,5–2,0 m

30–100 m

0,5–1 m

Entzugsleistung: ~50 W/m

>6 m

WP = Wärmepumpe

Erforderliche Kollektorfläche:
~ 25 m²/kW Heizleistung

Abb. 40: Beispiel für Erdwärmenutzung zu Heizzwecken

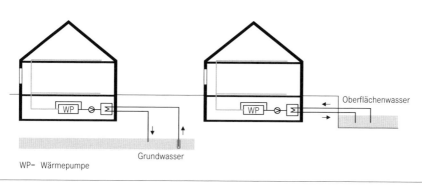

Oberflächenwasser

WP

WP

Grundwasser

WP= Wärmepumpe

Abb. 41: Beispiel für Grundwasser- und Oberflächenwassernutzung zu Heizzwecken

Erdreiches, im Grundwasser sowie in nahe gelegenen Wasservorkommen genutzt. > Abb. 40 und 41

Die aus diesen Quellen gewonnene Energie kann im Winter zum Heizen und im Sommer zum Kühlen von Gebäuden genutzt werden. Zum Heizen muss das Temperaturniveau jedoch in der Regel mit Hilfe weiterer Energiezufuhr angehoben werden.

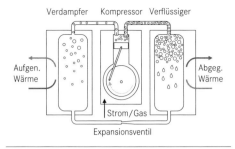

Verdampfer   Kompressor   Verflüssiger

Aufgen.
Wärme

Abgeg.
Wärme

Strom/Gas

Expansionsventil

Abb. 42: Prinzip Wärmepumpe/Kompressionskälte-maschine

Dies geschieht mit Hilfe sogenannter Wärmepumpen, die nach dem gleichen Prinzip wie ein Kühlschrank arbeiten. > Abb. 42 Neben einer Umweltwärmequelle ist zusätzlich der Einsatz von Strom oder Gas erforderlich, um die Temperatur auf das gewünschte Niveau anzuheben und die Anlage effizient zu betreiben.

Die Verwendung von Gas bietet primärenergetische Vorteile gegenüber Strom. > Kap. Entwurfsprinzipien, Bedarfsdeckung

Erdwärmenutzung („Geothermie") erfolgt meist über Erdreichkollektoren oder Erdsonden in Verbindung mit Wärmepumpen. Die Erdwärme kann aber auch auf einfache Art und Weise zur Vorkonditionierung der Außenluft genutzt werden, indem die Luft durch sogenannte Luft-Erdwärmetauscher in das Gebäude geleitet wird. Im Winter wird sie dabei vorgewärmt, im Sommer kann die warme Außenluft abgekühlt werden, bevor sie in das Gebäude gelangt, und so dazu beitragen, Heiz- und Kühlenergie einzusparen. > Abb. 43

Neben der oben beschriebenen Nutzung von Grund- und Oberflächenwasser als natürliche Energiequelle zum Heizen und Kühlen kann Wasser auch unmittelbar zur Kühlung von Gebäuden eingesetzt werden.

Wärmepumpen

■
Erdwärmetauscher

○
Adiabate Kühlung

■ **Tipp:** Je höher die Temperatur der Wärmequelle beziehungsweise je kleiner die Temperaturdifferenz zwischen Wärmequelle und Heizkreislauf ist, umso effizienter arbeitet eine Wärmepumpe. Wärmepumpen als Wärmeerzeuger sind also vor allem dann sinnvoll, wenn sie mit niedrigen Systemtemperaturen und großen Heizflächen wie z. B. Fußbodenheizungen kombiniert werden.

○ **Hinweis:** Der zusätzliche Strömungswiderstand, dem die Luft im Rohrsystem eines Erdwärmetauschers ausgesetzt ist, macht in der Regel den Einsatz einer mechanischen Lüftungsanlage erforderlich.

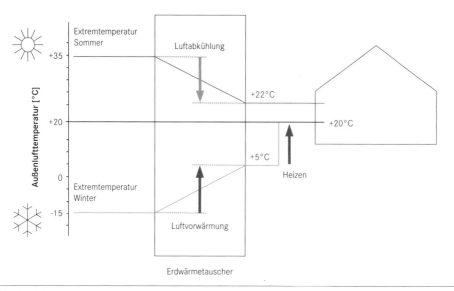

Abb. 43: Wirkungsweise eines Luft-Erdwärmetauschers

Wie bei der Schweißbildung auf der menschlichen Haut entzieht das Verdunsten von Wasser der Luft Energie und kühlt diese ab. Dieser Effekt kann bei Gebäuden oder Räumen direkt oder indirekt durch Verdunstungskühlung, auch adiabate Kühlung genannt, erzielt werden. Bei der direkten adiabaten Kühlung wird hierzu entweder die Zuluft über offene Wasserflächen oder Pflanzen geführt oder, insbesondere bei mechanischen Lüftungsanlagen, Wasser so fein versprüht, dass es nicht als Tropfen zu Boden fällt, sondern als Wasserdampf in der Luft bestehen bleibt und damit die Zuluft abkühlt. Ein Nachteil dieser Form der adiabaten Kühlung ist, dass durch die Verdunstungskühlung auch immer die Luftfeuchtigkeit der Zuluft ansteigt. > Kap. Entwurfsprinzipien, Behaglichkeitsanforderungen Dies macht die Verwendung der direkten adiabaten Kühlung vor allem in trockenheißen Klimazonen sinnvoll.

Durch die Kombination des Verdunstungsprinzips mit einem Wärmetauscher kann bei mechanischen Lüftungsanlagen eine Temperaturabsenkung ohne Erhöhung der Luftfeuchtigkeit erreicht werden. Man spricht dann von indirekter adiabater Kühlung. Dabei wird die Abluft eines Raumes durch Verdunstung abgekühlt und über einen Rotationswärmetauscher nach außen abgeführt. Der Wärmetauscher ist in der Lage, die Kälte mit einem hohen Wirkungsgrad an einen in Gegenrichtung laufenden Zuluftstrom zu übergeben. > Abb. 44

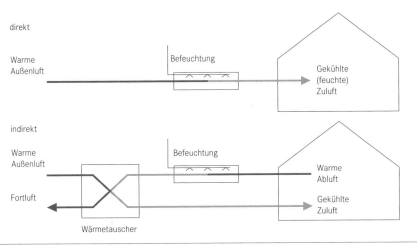

direkt

Warme Außenluft

Befeuchtung

Gekühlte (feuchte) Zuluft

indirekt

Warme Außenluft

Befeuchtung

Warme Abluft

Fortluft

Gekühlte Zuluft

Wärmetauscher

Abb. 44: Funktionsprinzip der direkten und indirekten adiabaten Kühlung in Verbindung mit einer mechanischen Lüftungsanlage

Solarenergie

Solaranlagen wandeln Sonnenlicht in Wärme um, die in den meisten Fällen zur Wärmeversorgung von Gebäuden genutzt wird.

Thermische Solaranlagen

Die aktive Nutzung der Sonnenenergie als Wärmequelle vor allem für Heizzwecke und zur Brauchwassererwärmung erfolgt mit Hilfe geeigneter Kollektorsysteme. Diese wandeln die Sonnenstrahlung in Wärme um und führen sie mit Hilfe eines Wärme transportierenden Mediums (Wasser mit Frostschutzmittel) der Wärmenutzung zu. Je nach Bauart wird hauptsächlich zwischen Flachkollektoren oder Vakuumröhrenkollektoren unterschieden. Letztere sind technisch etwas komplizierter aufgebaut und damit teurer, aber auch effizienter.

Soll die Solaranlage ausschließlich Warmwasser aufbereiten, wird die Sonnenwärme direkt in den Brauchwarmwasserspeicher eingebracht. Der darüber hinausgehende Energiebedarf zur Warmwasserbereitung wird in der Regel durch die Zuschaltung eines meist sowieso vorhandenen, konventionellen Wärmeerzeugers gedeckt. Bei sehr gut wärmegedämmten Häusern kann die thermische Solaranlage zusätzlich zur Heizungsunterstützung herangezogen werden. > Abb. 45

Solarkollektoren werden meist auf Dachflächen installiert. Die optimale Ausrichtung ist vom örtlichen Sonnenlauf und der jahreszeitlichen Nutzung abhängig. > Abb. 46 Geringe Abweichungen bei Orientierung

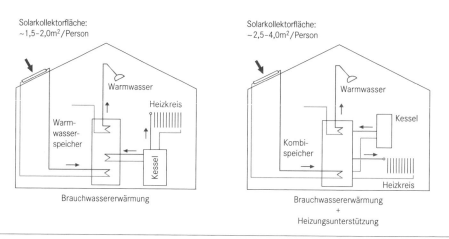

Abb. 45: Beispiel für Solarenergienutzung zur Wärmeerzeugung

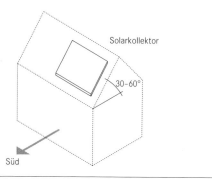

Abb. 46: Geeignete Ausrichtung von thermischen Solarkollektoren zur Heizungsunterstützung und Brauchwassererwärmung (Standort Deutschland)

und Neigung sind tolerierbar und reduzieren den Ertrag nur in geringem Maße.

Sorptionskälte-maschinen

Sorptionskältemaschinen arbeiten grundsätzlich nach einem ähnlichen Prinzip wie Wärmepumpen, das heißt mit Kompression und Entspannung eines Mediums. Anstelle von Strom oder Gas als Hilfsenergie dient hier jedoch eine Wärmequelle als Antrieb. Durch den chemischen Prozess der Sorption kann zudem Kälte anstelle von Wärme erzeugt werden. > Abb. 47

Die Nutzung von Wärme als Antriebsenergie macht Sorptionskältemaschinen dort sinnvoll, wo Wärme kostenlos als Prozessabfall (Produktionsanlagen, Kraft-Wärme-Kopplungs-Anlagen usw.) oder aus der Umwelt

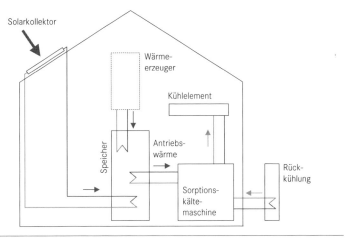

Abb. 47: Beispiel für Sonnenenergienutzung zur Kühlung

(thermische Solarkollektoren, heiße Quellen usw.) mit einem Temperatur-niveau von 80–160 °C zur Verfügung steht. Der Verbund eines Blockheiz-kraftwerks (BHKW) mit einer Sorptionskältemaschine zur Kraft-Wärme-Kälte-Kopplung (KWKK) ist gerade im Hinblick auf die Wirtschaftlichkeit von Blockheizkraftwerken sinnvoll, da so Heiz- und Kühlenergiebedarf mit einem System gedeckt werden und ein ganzjähriger Betrieb erfolgen kann.

Nah- und Fernwärme

Fernwärme wird in zentralen Heiz- oder Heizkraftwerken sowie in dezentralen Blockheizkraftwerken erzeugt. Im letzteren Fall handelt es sich allerdings um Nahwärme. Nah- und Fernwärme kann über entspre-chende Leitungssysteme und Übergabestationen in entfernten Gebäu-den genutzt werden. Insbesondere wenn die Wärmeerzeugung nach dem Prinzip der Kraft-Wärme-Kopplung (KWK) erfolgt, ist eine wartungs- und umweltfreundliche Wärmeversorgung möglich. > Kap. Entwurfsprinzipien, Bedarfs-deckung

● **Wichtig:** Thermische Solarkollektoren sind nicht mit Solarzellen zu verwechseln! Solarzellen werden eben-falls meist auf Dachflächen montiert, dienen aber der Stromerzeugung. Der erzeugte Strom wird entweder in Batterien gespeichert (Insellösung) und direkt im Haus-halt verbraucht oder, falls möglich, gegen Vergütung in ein öffentliches Stromnetz eingespeist.

Zur Nutzung von Nah- oder Fernwärme sind keine Wärmeerzeuger im Gebäude und damit auch keine Komponenten wie Heizräume, Abgas-anlagen oder Brennstofflagerräume erforderlich. Die Wärme wird in der Regel in Form von heißem Wasser oder Wasserdampf über isolierte Leitungen an das Gebäude geführt und dort über eine Wärmeübergabe-station (Wärmetauscher) an das Heizungs- oder Warmwassersystem des Gebäudes übergeben.

In einigen Fällen kann auch überschüssige Wärme aus energieinten-siven Industrieprozessen (Montanindustrie, Chemieindustrie usw.) über Nah- oder Fernwärmenetze einer Nutzung in Gebäuden zugeführt wer-den. Da diese Energie ansonsten ungenutzt an die Umwelt abgegeben werden würde, verbessert sich auf diese Weise die energetische Effizi-enz des Industrieprozesses.

Strom

Grundsätzlich kann auch Strom zur Wärme- und Kälteerzeugung ge-nutzt werden. Da bei der Stromerzeugung jedoch bereits Wärme anfällt und jede Umwandlung von Energie (z. B. von Kohle zu Wärme zu Strom zu Wärme) mit Verlusten behaftet ist, sollte dies nach Möglichkeit ver-mieden werden, insbesondere wenn der Strom aus fossilen Energie-trägern stammt. Dies wird durch die am jeweiligen Standort geltenden Primärenergiefaktoren für Strom deutlich. > Kap. Entwurfsprinzipien, Bedarfs-deckung

Stromheizungen werden dementsprechend nur in Ausnahmefällen eingesetzt. Ein Beispiel sind Badezimmer in Bestandsgebäuden, in denen über das Jahr betrachtet nur ein geringer Wärmebedarf besteht und ein Anschluss an eine Zentralheizung aus technischen oder wirtschaftlichen Gründen nicht möglich oder sinnvoll ist. Das Gleiche gilt für die elek-trische Warmwasserbereitung in elektrischen Boilern oder Durchlauf-erhitzern.

Beim Einsatz von Wärmepumpen wird häufig Strom als Hilfsenergie für die Wärmeerzeugung genutzt. Der Stromeinsatz sollte aber möglichst gering bleiben, um hohe Kosten und eine schlechte Primärenergiebilanz des gesamten Systems zu vermeiden.

Die am stärksten verbreiteten Kälteerzeuger sind Kompressionskäl-temaschinen. Sie arbeiten nach dem gleichen Prinzip wie ein Kühlschrank und erzeugen aus Strom Kälte, die an ein Verteilungssystem im Gebäude übergeben werden kann. Mit entsprechendem Energieeinsatz lässt sich auf diese Weise praktisch jedes gewünschte Temperaturniveau erzeugen.

Sollte im Gebäude gleichzeitiger Bedarf an Kälte und Wärme beste-hen (z. B. zur Raumkühlung und Brauchwassererwärmung), bietet sich die Abwärmenutzung der Kältemaschine an. Häufig wird diese Abwärme jedoch an die Außenluft übergeben, sodass sich in Verbindung mit dem (in der Regel elektrischen) Energiebedarf für den Kompressor eine nur schwache Energieausnutzung ergibt.

In Verbindung mit der Abhängigkeit von Strom als Energieträger und der damit einhergehenden schlechten Primärenergiebilanz sollte der Einsatz von Kompressionskältemaschinen daher so weit wie möglich vermieden werden.

WÄRME- UND KÄLTESPEICHERUNG

Die Speicherung von Wärme und Kälte ermöglicht es, die nutzungsabhängige Energieabnahme von der Energieerzeugung zu entkoppeln. Dies ist insbesondere bei der Nutzung von Solarenergie zu Heizzwecken nötig, da das Strahlungsangebot der Sonne witterungsbedingt variiert und im Tagesverlauf dem Energiebedarf oftmals zeitlich entgegensteht. > Abb. 48 Die solare Wärme kann durch die thermische Speicherfähigkeit des Gebäudes selbst gespeichert werden, > Kap. Entwurfsprinzipien, Bedarfsdeckung entzieht sich so aber der Regelungsmöglichkeit durch den Nutzer. Übliche Anlagen zur Brauchwassererwärmung und Heizungsunterstützung verfügen daher über einen entsprechenden Warmwasserspeicher, der Wärme für einige Tage vorhalten kann, jedoch entsprechend Volumen innerhalb des Gebäudes benötigt.

Um solare Wärme über einen längeren Zeitraum zu speichern, können Saisonalspeicher zur Anwendung kommen. Hierbei handelt es sich meist um Wasserspeicher, die sowohl im Gebäude als auch außerhalb eingesetzt werden können. Sie erlauben es, Wärme im Sommer zu speichern und im Winter zur Verfügung zu stellen.

Prinzipiell ist auch die Kältespeicherung z. B. durch sogenannte „Eisspeicher" möglich und kann so analog zur Wärmespeicherung zu einer Optimierung des Gesamtsystems beitragen. Insbesondere bei der Nutzung von Solarenergie gehen hohe solare Erträge aber oftmals mit gleichzeitigem Kühlbedarf einher. > Abb. 48

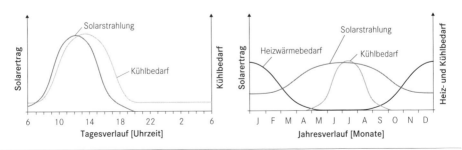

Abb. 48: Solarertrag und gleichzeitiger Heiz- und Kühlbedarf (Mitteleuropa)

WÄRME- UND KÄLTEVERTEILUNG
Zentrale Systeme

Die Verteilung stellt das Bindeglied zwischen Wärme- und Kälte-erzeugung und dem Wärme- oder Kälteübergabesystem im Raum dar, d. h., Wärme oder Kälte wird meist zentral erzeugt und über Wasser oder Luft als Transportmedium zu den Übergabesystemen im Raum befördert. Wassergeführte Systeme sind im Hinblick auf den Energiegehalt und die erforderliche Förderenergie grundsätzlich sinnvoller und sollten im Regel-fall gegenüber luftgeführten Systemen bevorzugt werden. > Kap. Entwurfs-prinzipien, Bedarfsdeckung Bei Heizungssystemen ist die zentrale Warmwasser-gebäudeheizung das am weitesten verbreitete System. Dennoch können auch hier konzeptionelle oder wirtschaftliche Faktoren den Einsatz luft-geführter Systeme begünstigen.

● Leitungswege sind zur Minimierung der energetischen Verluste ge-nerell möglichst kurz zu halten und zusätzlich zu dämmen. Die Dämmung dient auch der Vermeidung von Kondenswasserbildung beim Transport kalter Medien.

Dezentrale Systeme

Einzelheizungen erzeugen Heizwärme direkt im Raum und geben sie dort auch ab. Zu den Einzelheizungen zählen Einzelöfen, Gasstrahler, Elektroheizungen usw. Diese stellen eine Sonderform der Heizsysteme dar und werden daher im Rahmen dieser Veröffentlichung nicht weiter betrachtet.

Dezentrale mechanische Lüftungssysteme saugen Außenluft direkt vor der Fassade an, sodass auf Lüftungszentralen und große Kanal-systeme verzichtet werden kann. Im Gegenzug ist der Wartungsaufwand durch die Vielzahl kleiner Geräte höher, was jedoch zunehmend durch modular aufgebaute und einfach zu wartende Geräte kompensiert wird. In der Regel können sie die beförderte Luft auch erwärmen oder kühlen.

> Kap. Temperierungssysteme, Wärme- und Kälteübergabe

● **Beispiel:** Bei Gebäuden mit sehr hohem Wärme-dämmstandard, wie z. B. bei Passivhäusern, kann ganz auf ein konventionelles Heizsystem (mit Heizkessel, Verteilung und Übergabe über Heizflächen) verzichtet werden. Trotz der physikalischen Nachteile von Luft als Wärmeträger kann die notwendige Heizwärme mit dem hygienisch erforderlichen Luftwechsel über die Lüftungsanlage eingebracht werden.

Regelung

Zur Wärme- und Kälteverteilung ist neben wärmegedämmten Rohrleitungen, Armaturen und Pumpen eine geeignete Regelung erforderlich. Diese dient der fortwährenden Anpassung der Heiz- und Kühlleistung an den sich ständig ändernden Bedarf, der durch Witterungsverhältnisse (Außentemperatur, Windverhältnisse, Sonneneinstrahlung), innere Wärmequellen und Änderungen der Raumnutzung beeinflusst wird. Eine Regelung der Heiz- oder Kühlleistung muss selbsttätig in Abhängigkeit von der Zeit und der Außen- und Innentemperatur erfolgen. Zu diesem Zweck stehen im Wohnungsbaubereich in erster Linie Heizkörperthermostatventile, Außen- und Raumthermostate mit entsprechenden Temperaturfühlern sowie die automatische, zeit- und temperaturabhängige Nachtabsenkung zur Verfügung. Bei größeren Gebäuden oder Anlagen ist oftmals der Einsatz einer Gebäudeleittechnik (GLT) sinnvoll, welche die Heizung oder Kühlung in verschiedenen Räumen über Sensoren und einen zentralen Computer steuert.

WÄRME- UND KÄLTEÜBERGABE

Mit Hilfe eines geeigneten Wärme- oder Kälteübergabesystems wird die vom Erzeuger über Wasser oder Luft in den Raum transportierte Wärme oder Kälte an den zu temperierenden Raum übergeben.

Wärme- und Kälteübergabesysteme unterscheiden sich nach Art der Wärme- und Kälteabgabe, also dem Strahlungs- und Konvektionsanteil, der Vorlauftemperatur T_V, der spezifischen Leistung und nach ihrer Regelungsmöglichkeit. > Kap. Entwurfsprinzipien, Bedarfsdeckung

Wärmeübergabesysteme

Die Wärmeübergabe an einen Raum erfolgt durch Heizkörper, Flächenheizungen oder über eine Lüftungsanlage (Luftheizung). Die Bauart sowie die Anordnung der Heizelemente ergeben unterschiedliche Temperaturprofile im Raum und beeinflussen dadurch in besonderem Maße die Behaglichkeit. Die Wärmeübergabe an den Raum sollte, um dem idealen Temperaturprofil möglichst nahe zu kommen, zeitlich konstant und in horizontaler sowie vertikaler Richtung gleichmäßig erfolgen. > Tab. 10, Seite 68, Abb. 49

Übliche Wärmeübergabesysteme bei Warmwasserheizungen sind Heizkörper wie Radiatoren, Konvektoren und Flachheizkörper. Sie sind universell einsetzbar und lassen sich gut regeln. Heizkörper werden vorzugsweise an der Außenwand und in unmittelbarer Nähe von Verglasungen angeordnet, um möglichen Zugerscheinungen entgegenwirken zu können. > Abb. 50 Nachteilig wirkt sich die insbesondere bei Konvektoren relativ hohe notwendige Vorlauftemperatur aus, die eine Kombination mit Solarthermie, Wärmepumpentechnik oder Brennwerttechnik weniger sinnvoll macht.

Heizkörper

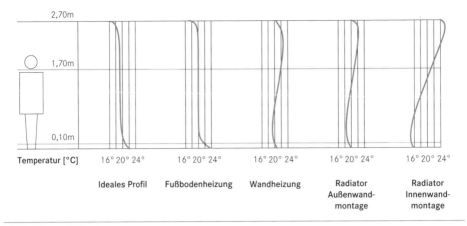

Abb. 49: Raumlufttemperaturprofile von Wärmeübergabesystemen

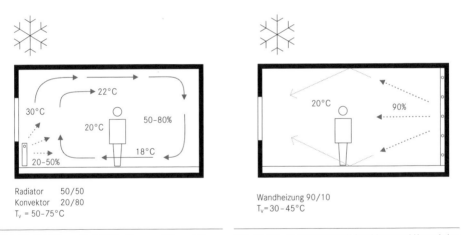

Radiator   50/50
Konvektor   20/80
T_v = 50–75 °C

Wandheizung 90/10
T_v= 30–45 °C

Abb. 50: Heizkörper (Anteil Strahlung und Konvektion und Vorlauftemperaturen Tv)

Abb. 51: Wandheizung (Anteil Strahlung und Konvektion und Vorlauftemperaturen Tv)

Flächenheizungen   Flächenheizungen (Fußboden, Wand- und Deckenheizungen), in denen Heizrohre, im Estrich, Putz oder mit geeigneten Platten verkleidet, nicht sichtbar im Bauteil verlegt werden, geben die Wärme überwiegend über Strahlung an den Raum ab und erzeugen ein behaglicheres Temperaturprofil. › Abb. 49 Die zur Verfügung stehende, große Heizfläche ermöglicht im Vergleich zu Heizkörpern wesentlich geringere Vorlauftemperaturen.

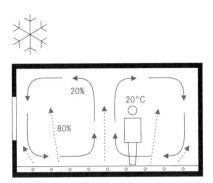

Fußbodenheizung 80/20
$T_v = 30 - 45°C$

Abb. 52: Fußbodenheizung (Anteil Strahlung und Konvektion und Vorlauftemperaturen T_v)

Insbesondere bei Häusern mit besonders niedrigem Heizwärmebedarf und in Kombination mit Niedertemperatursystemen wie Brennwertkessel, Wärmepumpe und gekoppelter thermischer Solaranlage stellen Flächenheizungen ein geeignetes System zur Wärmeübergabe dar.
> Abb. 51 und 52

Grundsätzlich kann der Wärmebedarf eines Gebäudes auch über eine vorhandene Lüftungsanlage gedeckt werden. Hierzu kann die Luft entweder zentral oder individuell über meist elektrisch betriebene Heizregister erwärmt werden. Dies ist jedoch nur sinnvoll, wenn eine Lüftungsanlage aus anderen Gründen bereits vorhanden ist und der Wärmebedarf des Gebäudes insgesamt gering ist (z. B. infolge sehr guter Wärmedämmung oder hoher interner Wärmelasten). Tabelle 10 gibt einen kurzen Überblick über die wesentlichen Systeme zur Wärmeübergabe.

Luftheizung

○ **Hinweis:** Sogenannte Deckenstrahlplatten, die insbesondere zur Beheizung von großen Hallen eingesetzt werden, benötigen hohe Vorlauftemperaturen und stellen damit einen Sonderfall der Flächenheizung dar.

Tab. 10: Eigenschaften von Wärmeübergabesystemen

Wärme-übergabe-systeme	Vorteile	Nachteile	Anteil Strahlung/Konvektion	T_v [C°]
Radiatoren	Preiswert, schnelle Erwärmung, gute Regelung	Platzbedarf, Optik	50/50	50-75 (90)
Konvektoren	Platzsparend, schnelle Erwärmung, gute Regelung	Reinigung, Staubentwicklung	20/80	50-75 (90)
Fußboden-heizung	Günstiges Temperaturprofil, unsichtbar	Kaltluftabfall möglich, Venenleiden aufgrund relativ hoher bodennaher Temperaturen möglich, träges Regelungsverhalten, nicht für alle Bodenbeläge geeignet	80/20	30-45
Wand- und Decken-heizung	Günstiges Temperaturprofil, unsichtbar, Heizen und Kühlen möglich	Träges Regelungsverhalten, bei Wandheizungen keine Möbel oder Einbauten möglich, bei Deckenheizungen ausreichend Deckenhöhe und Abstand zwischen Heizfläche und Personen im Raum	90/10	30-45
Luftheizung	Kombination von Lüftung und Heizung, schnelle Regelung	Zugluft möglich, über 49°C Staubverschwelung	0/100	30-49 (70)

Kälteübergabesysteme

Die Übergabesysteme für Kühlenergie lassen sich wie auch die für Heizwärme nach ihrer Art der Übergabe in konvektive und strahlende Systeme unterscheiden. Die Vor- und Nachteile ergeben sich nach den im Kapitel Entwurfsprinzipien, Behaglichkeitsanforderungen beschriebenen Auswirkungen auf die operativen Raumtemperaturen. Die dort ebenfalls beschriebenen Risiken hinsichtlich Strahlungsasymmetrien sind zu berücksichtigen. Daneben sind auch bei Kühlsystemen die Regelträgheit und die erforderlichen Vorlauftemperaturen entscheidende Größen für die Wahl des geeigneten Systems. > Tab. 11

Wie bei der Übergabe von Heizenergie sind auch bei den Kühlsystemen die in massive Bauteile eingebundenen Übergabesysteme träge in der Regelbarkeit. Von Bauteilen unabhängige und luftgeführte Systeme sind dagegen flink in der Regelung und können schneller auf geänderte

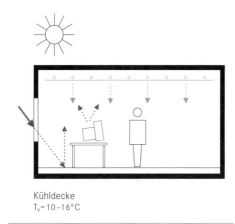

Kühldecke
$T_v = 10-16\,°C$

Abb. 53: Strahlende Kühlung über abgehängte Kühldecke

Randbedingungen reagieren. Großflächige Wärmeüberträger kommen tendenziell mit moderateren (das heißt im Kühlfall: höheren) Vorlauf-temperaturen aus als kleinteilige Komponenten und eignen sich somit auch hier besser für die Kombination mit erneuerbaren Energieträgern.

Eine Besonderheit, die speziell bei Kühlsystemen zu beachten ist, stellt die Gefahr der Taupunktunterschreitung dar: Abhängig von Tempe-ratur und Feuchte der Raumluft sowie der Oberflächentemperatur eines Kühlelementes kann die in der Luft enthaltene Feuchtigkeit durch Unter-schreitung des sogenannten Taupunktes an den kalten Oberflächen kon-densieren. Das dabei anfallende Kondenswasser muss zumindest auf-gefangen, besser aber abgeleitet werden. Ist dies nicht möglich, bleibt zur Vermeidung von Kondensat an Kühlflächen in der Regel nur die kurz-zeitige Erhöhung der Oberflächentemperatur des Kühlkörpers, was eine Reduzierung der Kühlleistung bedeutet.

Ein im Büro- und Verwaltungsbau weit verbreitetes Übergabesystem sind Kühldecken. Dies sind von der Decke abgehängte Systeme, die einen unterschiedlich großen Teil der Decke abdecken können. > Abb. 53

Auf den abgehängten Decken liegen Kühlschlangen, die von einem kalten Medium durchflossen werden. Die Kälteübergabe erfolgt etwa zur Hälfte über Strahlung und ist gut regelbar. Die Vorlauftemperaturen lie-gen bei etwa 10–16 °C, wobei eine Kondensatableitung fast nicht mög-lich ist. Um Kondensatbildung zu verhindern, sind also entweder hohe Luftfeuchten zu vermeiden, oder die Vorlauftemperatur muss kurzzeitig

Kühldecken

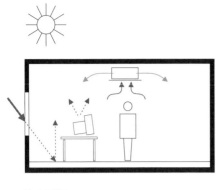

Umluftkühlung
$T_v = 6 - 10\,°C$

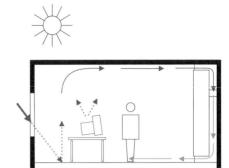

Schwerkraftkühlung
$T_v = 6 - 10\,°C$

Abb. 54: Konvektive Kühlung durch ein Umluftkühlgerät

Abb. 55: Prinzip der Schwerkraftkühlung

angehoben werden. Insbesondere in Verbindung mit natürlicher Lüftung kann dies an warmfeuchten Tagen dazu führen, dass nicht die volle Kühlleistung zur Verfügung steht.

Umluftkühlung Eine ebenfalls weit verbreitete Lösung ist die Raumkühlung durch Luft, die mit Hilfe eines Ventilators aus dem Raum selbst angesaugt und gekühlt an den Raum abgegeben wird (Umluftbetrieb). Diese in der Regel dezentralen Systeme sind schnell regelbar, zudem kann eine separate Regelung für jeden Raum gefunden werden. Auch die Beeinflussung durch den Nutzer ist möglich. Die Kühlung der Luft erfolgt über ein Kühlregister direkt vor dem Luftauslass eines an der Decke hängenden Gerätes. Die Wirkung ist rein konvektiv. In der Regel sind Vorlauftemperaturen von 6–10 °C erforderlich. > Abb. 54

Schwerkraftkühlung Reine Umluftkühlgeräte können auch ohne Zuhilfenahme eines Ventilators nach dem Prinzip der Schwerkraftkühlung (oder auch Fallstromkühlung) arbeiten. Die Luftbewegung ist hier auf die Tatsache zurückzuführen, dass kalte Luft schwerer ist als warme. Die Raumluft wird daher an einem Kühlkonvektor in Deckennähe (an der Stelle der höchsten Raumlufttemperatur) abgekühlt und fällt durch einen Schacht, der die Konvektion zusätzlich beschleunigt, allmählich nach unten, tritt am Fußpunkt wieder aus und breitet sich als „Kaltluftsee" im Raum aus. > Abb. 55

Die Schwerkraftkühlung bietet den Vorteil, völlig geräuschlos zu arbeiten. Die Kühlleistung im Raum variiert mit der Temperaturdifferenz am Kühler und regelt sich in gewissem Maße selbst. Ohne Beeinträchtigung der Wirkungsweise kann das System unauffällig hinter einer

Tab. 11: Eigenschaften von Kälteübergabesystemen

Kälteübergabe-systeme	Vorteile	Nachteile	Anteil Strahlung/ Konvektion	T_v [C°]
Kühldecken	Moderate Vorlauftemperaturen; schnelle Regelbarkeit; strahlende Wirkung; Einzelraumregelung gut möglich	Tauwasserableitung praktisch unmöglich	50/50	10–16
Umluftkühlung	Schnelle Regelbarkeit; Einzelraumregelung gut möglich	Rein konvektive Wirkung; Tauwasserableitung schwierig; Lüftergeräusche möglich	0/100	6–10
Schwerkraftkühlung	Schnelle Regelbarkeit; Einzelraumregelung gut möglich; völlig geräuschlos; unauffällige Installation möglich	Rein konvektive Wirkung; Tauwasserableitung schwierig	0/100	6–10

Vorsatzschale oder einem Wandschrank installiert werden, solange oben und unten Zu- und Abluftöffnungen vorgesehen werden. Das Problem des Kondensatanfalls muss wie bei den vorher beschriebenen Systemen gelöst werden. Tabelle 11 gibt einen kurzen Überblick über die wesentlichen Kälteübergabesysteme.

Hybride Systeme

Eine Reihe von Übergabesystemen eignet sich sowohl zur Einbringung von Wärme als auch von Kälte in den Raum. > Tab. 12, Seite 74

Zu ihnen gehören auch Klimaanlagen, die sowohl die Belüftung als auch die Beheizung und Kühlung von Räumen über ein zentrales System sicherstellen. > Abb. 56 Der Vorteil einer Klimaanlage ist die Möglichkeit der Be- und Entfeuchtung, sodass praktisch jeder gewünschte Zustand der Raumluft hergestellt werden kann. > Kap. Lüftungssysteme, Mechanische Lüftung

Klimaanlagen

Ein genereller Nachteil besteht in der Tatsache, dass Luft als Transportmedium für Wärme aufgrund ihrer geringen Wärmespeicherfähigkeit schlecht geeignet ist. > Kap. Entwurfsprinzipien, Bedarfsdeckung Eine Erhöhung des Luftvolumenstromes zur Deckung eines Heizwärme- und Kühlenergiebedarfs führt daher zu erhöhtem Energieverbrauch für die Luftbeförderung, der bei einem wassergeführten System vermieden werden könnte. Zudem fehlen bei Klimaanlagen häufig die Möglichkeiten der Einzelraumregelung und des Nutzereinflusses auf die Regelung. Dies und die starke Auswirkung von Lufttemperatur, -geschwindigkeit und -Turbulenzgrad auf

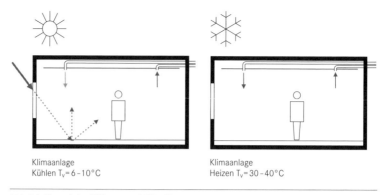

Klimaanlage
Kühlen T_v = 6 – 10 °C

Klimaanlage
Heizen T_v = 30 – 40 °C

Abb. 56: Konvektive Wärme- und Kälteübergabe durch Klimaanlagen

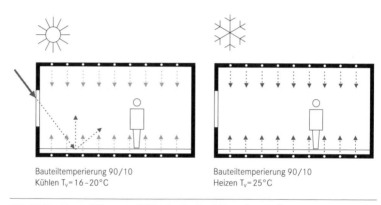

Bauteiltemperierung 90/10
Kühlen T_v = 16 – 20 °C

Bauteiltemperierung 90/10
Heizen T_v = 25 °C

Abb. 57: Strahlende Wärme- und Kälteabgabe durch Bauteiltemperierung

die thermische Behaglichkeit können Beschwerden und Unzufriedenheit der Nutzer zur Folge haben.

Bauteiltemperierung   Größere Behaglichkeit kann in der Regel mit strahlend wirkenden Systemen erzielt werden, > Kap. Entwurfsprinzipien, Behaglichkeitsanforderungen beispielsweise durch Bauteiltemperierung. Dabei werden Rohrleitungen schlangenförmig im Kern einer Betondecke verlegt und von einem Wärme- oder Kältemedium durchflossen. > Abb. 57

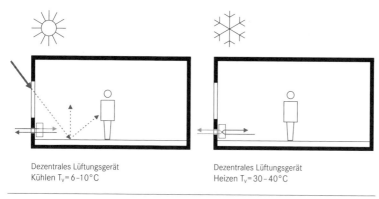

Dezentrales Lüftungsgerät
Kühlen T_v = 6–10 °C

Dezentrales Lüftungsgerät
Heizen T_v = 30–40 °C

Abb. 58: Konvektive Wärme- und Kälteübergabe mit Hilfe eines dezentralen Lüftungs-geräts (hier im Bereich der Fassadenbrüstung)

Die Regelbarkeit ist infolge der thermischen Trägheit der Betonmasse sehr gering, weshalb sich die Bauteiltemperierung vorwiegend zur Deckung gleichmäßiger Lasten oder zur Grundlastdeckung eignet. > Kap. Entwurfsprinzipien, Bedarfsdeckung

Jedoch hängt die Leistungsabgabe stark vom Temperaturunterschied zwischen der Deckenoberfläche und der Raumluft ab, wodurch sich auch hier ein gewisser Selbstregeleffekt einstellt.

Die Vorlauftemperaturen betragen im Heizfall etwa 25 °C, im Kühl-fall 16–20 °C.

Die Taupunktproblematik ähnelt der von Kühldecken, wobei die höhe-ren Vorlauftemperaturen größere Luftfeuchten zulassen, ohne dass Kondensat ausfällt. Die moderaten Vorlauftemperaturen im Heiz- und Kühlfall bieten sich für eine Nutzung mit erneuerbaren Energiequellen an.

Der gute Verbund des Kühlmediums mit der thermischen Masse des Betons ermöglicht eine effiziente Entspeicherung der Bauteilmassen zum Beispiel während der Nachtstunden, wodurch ähnlich wie bei einer Nacht-lüftung > Kap. Entwurfsprinzipien, Bedarfsdeckung eine Reduzierung des Kühlleis-tungsbedarfs am Tage und damit ein gleichmäßigeres Lastprofil erreicht werden kann. > Abb. 14, Seite 28

Voraussetzung für die Funktionsfähigkeit einer Bauteiltemperierung ist die thermische Zugänglichkeit der Betonflächen. Insbesondere auf Deckenabhängungen ist also zu verzichten. Auch Trittschalldämmungen reduzieren die Wirksamkeit des Systems, da die Kälteübergabe über die Deckenoberseite eingeschränkt wird.

Tab. 12: Eigenschaften von hybriden Systemen zur Wärme- und Kälteabgabe

Hybride Systeme	Vorteile	Nachteile	Anteil Strahlung/ Konvektion	T_V [C°]	
				Heizen	Kühlen
Klimaanlagen	Schnelle Regelbarkeit; Tauwasserableitung einfach	Rein konvektive Wirkung; Einzelraumregelung schlecht möglich	0/100	30–40	6–10
Bauteil-temperierung	Moderate Vorlauftempera-turen; strahlende Wirkung; zum Teil selbstregelnd	Begrenzte Leistung; Tauwasserableitung praktisch unmöglich	90/10	25	16–20
Dezentrale Lüftungs-geräte	Schnelle Regelbarkeit; Einzelraumregelung gut möglich	Tauwasserableitung schwierig; erhöhter Wartungsaufwand	0/100	30–40	6–10

Dezentrale Lüftungsgeräte

Dezentrale Lüftungsgeräte werden in der Fassade (z. B. in der Brüstung) oder in Fassadennähe (z. B. im Doppelboden) eingebaut und verfügen über einen direkten Außenluftanschluss. > Abb. 58

Die Regelbarkeit ist sehr gut, zur Deckung höherer Kühllasten ist jedoch wie bei Klimaanlagen ein erhöhter Luftvolumenstrom erforderlich, was den Einsatz als alleiniges Heiz- und Kühlsystem durch den notwendigen Lüfterstrombedarf nicht immer sinnvoll erscheinen lässt. Sollen dennoch hohe Kühllasten über ein dezentrales Lüftungsgerät abgedeckt werden, ist auch hier ein Kondensatablauf vorzusehen.

Dezentrale Systeme können gut in Kombination mit einer Bauteiltemperierung eingesetzt werden, da sich beide Systeme mit ihren Vorteilen ergänzen und die jeweiligen Nachteile sich kompensieren.

Wie bei Klimaanlagen ist auch bei dezentralen Systemen in der Regel eine Vorlauftemperatur von 6–10 °C für den Kühlbetrieb und 30–40 °C für den Heizfall erforderlich. Tabelle 12 zeigt die wichtigsten hybriden Systeme zur Wärme- und Kälteübergabe. > Anhang, Seite 84 und 85

SYSTEMFINDUNG

Die Wahl des geeigneten und an den jeweiligen Bedarf angepassten Temperierungssystems stellt den Architekten oftmals vor eine schwierige Aufgabe. So erfordern die verschiedenen Energieträger jeweils geeignete Wärme- und Kälteerzeuger, und nicht jeder Erzeuger lässt sich wiederum mit jedem Übergabesystem kombinieren. Gerade diese

Tab. 13: Kriterien zur Auswahl eines Temperierungssystems

Technische Kriterien	Leistungsfähigkeit (Deckung des Bedarfs)
	Passende Systemtemperaturen der Komponenten
	Eignung für erneuerbare Energien
	Verfügbarkeit des Energieträgers
	Möglichkeit zur Wärmerückgewinnung
	Regelträgheit
Umweltauswirkungen	Primärenergiebedarf
	CO_2-Ausstoß
Nutzerakzeptanz	Behaglichkeitsanforderungen
	Einflussmöglichkeit durch den Nutzer
Wirtschaftlichkeit	Erstellungskosten
	Betriebskosten

Abhängigkeiten der einzelnen technischen Komponenten und die Vielzahl möglicher, mehr oder weniger sinnvoller Kombinationen machen oftmals die Zusammenarbeit mit einem Fachplaner unabdingbar.

Darüber hinaus gibt es eine Reihe von weiteren Kriterien für die Auswahl, die über diese rein technischen Abhängigkeiten hinausgehen. Dies sind in erster Linie Kriterien der Energieeffizienz, der Nutzerakzeptanz sowie der Wirtschaftlichkeit. Dies zeigt, wie sorgfältig der Architekt bei der Planung vorzugehen hat.

Tabelle 13 gibt eine Übersicht über die wichtigsten Kriterien, die bei der Wahl des geeigneten Temperierungssystems unbedingt beachtet werden sollten.

Kombination von Lüftung und Temperierung

BANDBREITE MÖGLICHER LÖSUNGEN

Für die Entwicklung von Gesamtkonzepten zur Raumkonditionierung, also zur Sicherstellung der gewünschten Raumtemperatur und der benötigten Raumlüftung, müssen die vorgestellten Lüftungs- und Temperierungssysteme sinnvoll miteinander kombiniert werden.

Lowtech und Hightech Je nach Anforderungen ergibt sich eine Vielzahl von möglichen Konzepten zur Raumkonditionierung. Sie reichen von der technisch einfachsten Variante (Lowtech-Variante) mit Fensterlüftung und Radiator bis hin zur technisch aufwendigsten Variante (Hightech-Variante) mit vollständiger Klimatisierung. > Abb. 59

Auch wenn diese Systeme das jeweilige Extrem und damit den Anfangs- bzw. Endpunkt in der Bandbreite möglicher Lösungen darstellen, können sie dennoch, je nach Aufgabenstellung und den zu Grunde gelegten Kriterien, das geeignete und bedarfsgerechte Konzept zur Raumkonditionierung sein.

Die Vielzahl möglicher Kombinationen von Anlagenkomponenten erlaubt keine umfassende Darstellung im Sinne einer „Patentlösung" zur Raumkonditionierung. Vielmehr sollten der Architekt oder der Planer die möglichen Konzepte auf Grundlage der projektbezogenen Kriterien bewerten können, um so zu einem geeigneten Konzept zu gelangen.

AUSWAHLKRITERIEN

Die Bewertung einer Komponentenkombination zur Lüftung und Wärme- bzw. Kälteübergabe kann nach technischen Kriterien (z. B. der Möglichkeit zur Nutzung erneuerbarer Energien und zur Wärmerückgewinnung) und nach Kriterien der allgemeinen Nutzerakzeptanz (z. B. Behaglichkeit und Nutzereinfluss) vorgenommen werden.

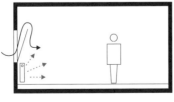
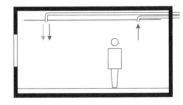

Lowtech-Variante:
Fensterlüftung, Radiator

Hightech-Variante:
Vollklimatisierung

Abb. 59: Low- und Hightech-Varianten zur Raumkonditionierung

Schlusswort

Gebäude erfordern in aller Regel individuelle Lösungen zur Raumkonditionierung. Im Gegensatz zu anderen Branchen sind bei jedem Produkt der Baubranche die Randbedingungen und Anforderungen im Einzelfall zu prüfen und maßgeschneiderte Lösungen zu erarbeiten. Aus diesem Grunde führt der Weg zu einem gelungenen Konzept in den meisten Fällen über die vergleichende Prüfung von Alternativen. Auch ein eigentlich zufriedenstellendes Ergebnis sollte nicht davon abhalten, andere Kombinationsmöglichkeiten zu prüfen und im Hinblick auf ihre Vor- und Nachteile zu bewerten.

Erfahrene Architekten und Planer können Vor- und Nachteile schneller erkennen und daher Empfehlungen für bestimmte Anwendungen aussprechen. Keiner jedoch kann die Komplexität dieses Themas ohne genauere Analyse vollständig durchdringen.

In diesem Sinne ist auch dieses Buch zu verstehen: Die Erläuterungen zu den einzelnen Anlagenkomponenten sowie die Kombinationsbeispiele sind wichtig als Überblick und Einstieg in das Thema Raumkonditionierung, um später durch Berechnungen und technische Zeichnungen ein ausgearbeitetes Konzept der Raumkonditionierung aufstellen zu können. Aber nur durch das Verständnis der Zusammenhänge und das bewusste Zusammenspiel von Parametern des einzelnen Projektes mit den technischen Möglichkeiten wird eine durchdachte und für das Projekt optimale Lösung entstehen.

Anhang

KONZEPTBEISPIELE

Fensterlüftung, Radiator

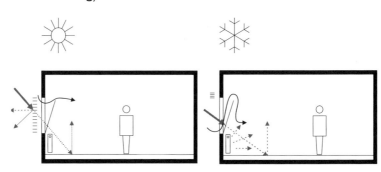

Fensterlüftung mit Radiator + Sonnenschutz

Eignung	Vorteile	Nachteile
– Wohnung – Büro	– Effizienter Energietransport durch Wasser – Nutzereingriff und raumweise Regelung gut möglich – Entkopplung von Lüftung und Temperierung	– Unkonditionierte Zuluft – Definierte Luftwechselraten nicht möglich – Keine Wärmerückgewinnung möglich – Keine Kühlung, Be- und Entfeuchtung möglich – Unbehaglich, hohe Wärmeverluste im Winter – Lärm- und Staubeintrag möglich

Fensterlüftung, Fußbodenheizung

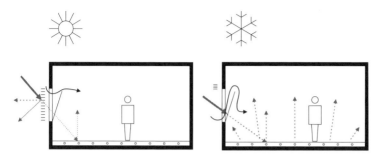

Fensterlüftung mit Fußbodenheizung + Sonnenschutz

Eignung	Vorteile	Nachteile
– Wohnung – Büro	– Effizienter Energietransport über Wasser – Geeignet für die Nutzung erneuerbarer Energien – Nutzereingriff und raumweise Regelung gut möglich – Behagliche Wärmeabgabe – Entkopplung von Lüftung und Temperierung	– Unkonditionierte Zuluft – Definierte Luftwechselraten nicht möglich – Keine Wärmerückgewinnung möglich – Keine Kühlung, Be- und Entfeuchtung möglich – Hohe Wärmeverluste im Winter – Lärm- und Staubeintrag möglich – Hohe Regelträgheit

Luftheizung

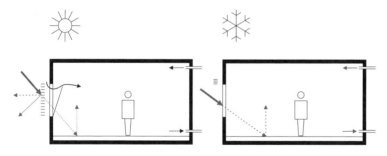

Luftheizung mit optionaler Fensterlüftung im Sommer + Sonnenschutz

Eignung	Vorteile	Nachteile
– Wohnung	– Keine zusätzlichen Heizflächen erforderlich – Definierte Luftwechselraten möglich – Wärmerückgewinnung möglich – Lärm- und Staubeintrag vermeidbar	– Ineffizienter Energietransport durch Luft – Nur bei geringem Wärmebedarf effizient – Nur konvektive Wärmeabgabe – Nutzereingriff und raumweise Regelung schlecht möglich – Kopplung von Lüftung und Temperierung

Fensterlüftung, Konvektor, Kühldecke

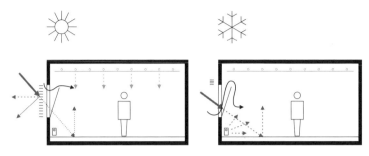

Fensterlüftung, Konvektor, Kühldecke + Sonnenschutz

Eignung	Vorteile	Nachteile

– Büro
– Besprechungs-
  raum
	– Große Behaglichkeit im Sommer
	– Effizienter Energietransport über Wasser
	– Nutzereingriff und raumweise Regelung gut
	  möglich
	– Entkopplung von Lüftung und Temperierung
		– Unkonditionierte Zuluft
		– Definierte Luftwechselraten nicht möglich
		– Keine Wärmerückgewinnung möglich
		– keine Be- und Entfeuchtung möglich
		– Kondensatableitung kaum möglich
		– Unbehaglich, hohe Wärmeverluste im Winter
		– Lärm- und Staubeintrag möglich

Fensterlüftung, Konvektor, Umluftkühlgerät

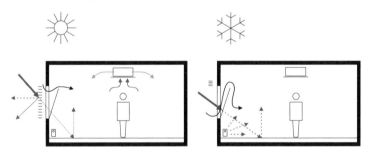

Fensterlüftung, Konvektor, Umluftkühlgerät + Sonnenschutz

Eignung	Vorteile	Nachteile

– Büro	– Nutzereingriff und raumweise Regelung gut
	  möglich
	– Entkopplung von Lüftung und Temperierung
		– Unkonditionierte Zuluft
		– Keine Wärmerückgewinnung möglich
		– Nur konvektive Wärme-/Kälteübergabe
		– Evtl. unbehaglich, hohe Wärmeverluste im
		  Winter
		– Lärm- und Staubeintrag möglich

Dezentrales Lüftungsgerät, Bauteiltemperierung

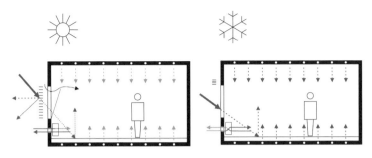

Dezentrales Lüftungsgerät, Bauteiltemperierung mit optionaler Fensterlüftung im Sommer + Sonnenschutz

Eignung	Vorteile	Nachteile

– Büro
– Besprechungs-
  raum
	– Effizienter Energietransport durch Wasser
	  (Grundlastdeckung)
	– Teils radiative Wärme-/ Kälteübergabe
	– Vorkonditionierte Zuluft
	– Definierte Luftwechselraten möglich
	– Wärmerückgewinnung möglich
	– Nutzereingriff und raumweise Regelung möglich
	– Entkopplung von Lüftung und Temperierung
	– Lärm- und Staubeintrag vermeidbar
		– Erhöhter Installationsaufwand
		– Kondensatableitung kaum möglich
		– Keine Be- und Entfeuchtung möglich
		– Hoher Wartungsaufwand

Klimaanlage

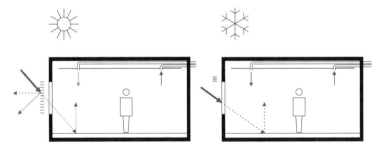

Klimaanlage + Sonnenschutz

Eignung	Vorteile	Nachteile

– Wohnung
– Büro
– Besprechungs-
  raum
	– Vorkonditionierte Zuluft
	– Definierte Luftwechselraten möglich
	– Heizung, Kühlung, Be- und Entfeuchtung
	  möglich
	– Wärmerückgewinnung möglich
	– Kondensatableitung gut möglich
	– Lärm- und Staubeintrag vermeidbar
		– Ineffizienter Energietransport über Luft
		– Nur konvektive Wärme-/Kälteübergabe
		– Nutzereineingriff und raumweise Regelung
		  schlecht möglich
		– Kopplung von Lüftung und Temperierung

Die folgende Tabelle gibt einen Überblick möglicher Kombinationen von Lüftungs- und Temperierungssystemen, die in diesem Buch vorgestellt wurden. Diese Tabelle ist jedoch weder allgemeingültig noch vollständig. Sie soll vielmehr als Beispiel dienen, wie der Vergleich verschiedener Konzepte und die Entscheidung für eine geeignete Lösung ablaufen können.

Raumkonditionierungssysteme	Lüftungsart		Temperierungsart								Eigenschaften					Typische Nutzung		
	natürlich	mechanisch	Heizkörper	Flächenheizung	Luftheizung	Kühldecke	Umluftkühlung	Klimaanlage	Bauteiltemperierung	Dezentrales	Eignung	Wärmerückgewinnung	Regelträgheit	Behaglichkeit	Nutzereinfluss	Wohnung	Büro	Besprechungsraum
	X		X								o	−	+	o	+	X	X	
	X			X							+	−	−	+	+	X	(X)	
	(X)	X			X						−	+	+	o	−	X		
	X	X				X					o	−	+	+	+		X	X
	X	X					X				o	−	+	o	+		X	X
	(X)	X							X	X	o	+	o	+	+		X	X
		X						X			−	+	+	−	−	(X)	X	X

NORMEN UND RICHTLINIEN

DIN 1946	„Raumlufttechnik", Teil 2: „Gesundheitstechnische Anforderungen (VDI-Lüftungsregeln)", 1994–01 (zurückgezogen)
DIN EN 12831	„Heizsysteme in Gebäuden – Verfahren zur Berechnung der Norm-Heizlast", Bbl.1 „Nationaler Anhang", 2008–07 mit Berichtigung 2010–11
DIN EN 15251	„Eingangsparameter für das Raumklima zur Auslegung und Bewertung der Energieeffizienz von Gebäuden – Raumluftqualität, Temperatur, Licht und Akustik", 2012–12
DIN EN ISO 7730	„Ergonomie der thermischen Umgebung – Analytische Bestimmung und Interpretation der thermischen Behaglichkeit durch Berechnung des PMV- und des PPD-Indexes und Kriterien der lokalen thermischen Behaglichkeit (ISO 7730:2005)", 2006–05 mit Berichtigung 2007–06
DIN V 18599	„Energetische Bewertung von Gebäuden – Berechnung des Nutz-, End- und Primärenergiebedarfs für Heizung, Kühlung, Lüftung, Trinkwarmwasser und Beleuchtung", Teil 1: „Allgemeine Bilanzierungsverfahren, Begriffe, Zonierung und Bewertung der Energieträger", 2016–10
DIN EN 13779	„Lüftung von Nichtwohngebäuden – Allgemeine Grundlagen und Anforderungen für Lüftungs- und Klimaanlagen und Raumkühlsysteme", 2007–09
VDI 2078	„Berechnung der thermischen Lasten und Raumtemperaturen (Auslegung Kühllast und Jahressimulation)" 2015–06
VDI 2050 Blatt1	„Anforderungen an Technikzentralen – Technische Grundlagen für Planung und Ausführung" 2013–11

LITERATUR

Dirk Althaus: *Fibel zum ökologischen Bauen,* Bauwerk Verlag, Berlin
    2000

Sophia und Stefan Behling: *Sol Power,* Prestel Verlag, München 1996

Klaus Daniels: *Low-Tech Light-Tech High-Tech,* Birkhäuser Verlag, 1998

Gerhard Hausladen, Michael de Saldanha, Petra Liedl, Christina Sager:
    ClimaDesign, Callwey Verlag, München 2004

Manfred Hegger, Matthias Fuchs, Thomas Stark, Martin Zeumer:
    Energie Atlas, 2. Auflage, Birkhäuser Verlag, Basel 2012

Thomas Laasch, Erhard Laasch: *Haustechnik,* Springer Vieweg,
    Wiesbaden 2013

Philipp Oswalt (Hrsg.): *Wohltemperierte Architektur,* Müller Verlag,
    Heidelberg 1995

Wolfram Pistohl: *Handbuch der Gebäudetechnik,* Band 2, 8. Auflage,
    Werner Verlag, Neuwied 2013

Christian Schittich (Hrsg.): *Solares Bauen,* 2. Auflage, Birkhäuser Verlag,
    Basel 2012

DIE AUTOREN

Oliver Klein, Dipl.-Ing. VDI, ist freiberuflicher Architekt, Energieberater und vom VDB e.V. anerkannter Planer für Baubiologie in Düsseldorf. Er beschäftigt sich intensiv mit der Rolle der Gebäudetechnik als integraler Bestandteil einer energiesparenden Architektur.

Jörg Schlenger, Dr. Ing., ist Senior Projektpartner und Teamleiter für Energieeffizienz- und Nachhaltigkeitsberatung bei Drees & Sommer Advanced Building Technologies im Bereich Energiedesign/-management am Standort Frankfurt/M.

Reihenherausgeber: Bert Bielefeld
Konzeption: Bert Bielefeld, Annette Gref
Lektorat und Projektkoordination: Annette Gref
Layout und Covergestaltung: Andreas Hidber
Satz und Produktion: Amelie Solbrig

Bibliografische Information der Deutschen
Nationalbibliothek
Die Deutsche Nationalbibliothek verzeichnet
diese Publikation in der Deutschen National-
bibliografie; detaillierte bibliografische Daten
sind im Internet über http://dnb.dnb.de
abrufbar.

Dieses Buch ist auch in englischer Sprache
(ISBN 978-3-7643-8664-1) sowie als E-Book
(ISBN PDF 978-3-0356-1296-7; ISBN EPUB
978-3-0356-1315-5) erschienen.

© 2018 Birkhäuser Verlag GmbH, Basel
Postfach 44, 4009 Basel, Schweiz
Ein Unternehmen der Walter de Gruyter GmbH,
Berlin/Boston

Gedruckt auf säurefreiem Papier, hergestellt
aus chlorfrei gebleichtem Zellstoff. TCF ∞

Printed in Germany

ISBN 978-3-0356-1661-3

9 8 7 6 5 4 3 2 1

www.birkhauser.com